Solange es Tag ist

Dr. John Sung
Wegbereiter Gottes im fernen Osten

Von Johanna Lorch

BRUNNEN VERLAG · GIESSEN
und MBK VERLAG · BAD SALZUFLEN

ABCteam

ABCteam-Bücher erscheinen in folgenden Verlagen:
Aussaat- und Schriftenmissions-Verlag Neukirchen-Vluyn
R. Brockhaus Verlag Wuppertal
Brunnen Verlag Gießen
Bundes Verlag Witten
Christliches Verlagshaus Stuttgart
Oncken Verlag Wuppertal

Unter Benutzung der englischen Biographie
„John Sung“ von Leslie Lyall
frei gestaltet von Johanna Lorch.

Mit freundlicher Genehmigung
des MBK Verlages, Bad Salzuflen

2. Taschenbuchauflage
1985 Brunnen Verlag Gießen

Umschlagfoto: Masterfile/ZEFA
Umschlaggestaltung: Martin Künkler
Herstellung: Ebner Ulm
ISBN 3-7655-3255-X (Brunnen Verlag)
ISBN 3-7871-0064-4 (MBK Verlag)

INHALT

I

II

III

Das größte Bedürfnis unserer Zeit sind opferwillige, selbstlose Männer und Frauen, die bereit sind, Mühsal und Einsamkeit auf sich zu nehmen, damit andere durch ihr Leben Gott am Werk sehen. Eine Kirche, der solche Menschen fehlen, hat der Welt nichts zu geben. Jesus Christus erscheint den gottabgewandten Massen als unzureichende Antwort zur Lösung der sie bedrängenden Fragen, weil so viele Christen halbherzig und unlebendig sind. Das erste Anliegen ist darum Erneuerung innerhalb der Kirche.

John Drewett, Church Mission Society

I

DA DU MICH RIEFST . . .

Herr, mache deine Kirche wieder lebendig
und beginne bei mir.

Gebet der chinesischen Kirche

DU HAST MICH BEREITET

Die Tee-Ernte war gut gewesen. Die Bewohner Fukiens, der schönen Provinz im Südosten Chinas, waren zufrieden. Von Amoy und Foochow an der Küste waren die Händler bis zu dem kleinen Dorf Hong-chek im Hinghwa-Distrikt gekommen. Der zarten Blätter beraubt, standen nun die Teesträucher an den Hängen. Doch der Zimtbaum hatte seine unscheinbaren braunen Blüten geöffnet. Der Wind war schwer von ihrem Duft. Goldgelb lugten am Boden reifende Kürbisse aus dunkelgrünem Laub hervor. Und darüber glänzte der Himmel an jenem 27. September 1901 gleich lichtblauer Seide.

Pastor Sung blickte den schmalen Pfad hinunter zum Dorf. Er wartete, und die Gedanken wanderten. Hong-chek war sein Dorf. Da lagen die engen Gassen, niedrige Häuser zu beiden Seiten, zwischendurch hohe, fensterlose Mauern, hier und da ein Tor oder eine schmale Tür und darüber eine geschnitzte Fratze, feindliche Geister zu bannen. Hinter den hohen Mauern wohnten die Geschlechter. Immer hatten sie da gewohnt: Männer, Frauen, Kinder gleichen Blutes. In sich ruhend, beharrend war diese Welt des alten China. Und keiner stand allein. Jeder war geborgen in der Sippe. Sie entschied und sie trug die Verantwortung. Das Leben verlief innerhalb ihrer Ordnungen. Von der Geburt bis zum Grabe war man davon umgeben wie von einem verläßlichen, festen Gehege.

Der kleine Ort war ein Bollwerk des Buddhismus. Auch er gehörte ebenso wie die Lehre des Konfuzius und einer Unzahl abergläubischer Bräuche seit Hunderten von Jahren zum Dasein. Die Ahnen hatten alle in dieser Welt der Magie und religiösen Übungen gelebt. Selbst Pastor Sungs Frau war bis zu ihrer Ehe darin beheimatet gewesen. Die Trauung war zwar christlich gewesen. Doch erst vor zwei

Jahren war Frau Sung nach einer schweren Erkrankung Christin geworden.

Des Mannes einsamer Dienst unter den Bauern in den heimatlichen Bergen und Tälern forderte Treue und unablässige Mühe. Er war willig dazu geworden.

Pastor Sung senkte den Kopf. Es war schwerer gewesen, als er damals gedacht. Gut, daß die Frau tüchtig war und einige Reisfelder besaß; denn das Gehalt war spärlich. Nachdem das erste Kind geboren war, hatte ihn die Versuchung überfallen, ob es nicht doch besser sei, seinen anstrengenden und wenig lohnenden Beruf aufzugeben, um an dessen Stelle das weniger exponierte Leben eines Gelehrten in der Stadt zu führen. Und Gott sprach in seine Lage hinein. Nie würde er jene stille Morgenstunde vergessen! Als er betete, vernahm er die leise Stimme seines Meisters: »Vertraue dem Herrn mit deinem ganzen Herzen und verlaß dich nicht auf deinen Verstand. Mein Knecht, fürchte dich nicht; ich weiß, was du bedarfst!« Beschämt und getröstet hatte er seiner Frau diese Erfahrung erzählt und nie mehr zurückgesehen.

Gott hatte ihm dann Verstärkung geschickt. Die Arbeit im Hinghwa-Distrikt war der American Methodist Episcopal Mission übergeben worden; ein Missionar zog ein. Als dieser Mann die bewaldete Bergkette überquerte, in deren Hut der Distrikt lag, und langsam höher klomm, hielt er inne, überwältigt von der Schönheit ringsum. Sein Blick ging über das Land hin, und er gelobte: »Hier will ich nichts wissen als Jesus, den Gekreuzigten.« In Verbindung mit dieser Mission hatte dann auch Pastor Sung Gott gedient und wollte es tun sein Leben lang.

Dunkle, schwingende Töne hallten durch die klare Luft: Der öffentliche Gong kündete der Dorfgemeinschaft an, daß es Zeit war, die Reismahlzeit einzunehmen. Pastor Sung rückte die randlose, schwarze Mütze zurecht, die oben mit einem leuchtend roten Knopf geziert war, und schritt gemessen, wie es dem Gelehrten der alten chinesischen Schule geziemte, dem Hause zu.

Aus geflochtenen, lehmbeworfenen Bambuswänden und einigen starken Balken war dies Haus erstellt. Ein weißer Kalkanstrich gab ihm ein freundliches Aussehen. Durch die Fenster ohne Glas hatten Wind, Regen und Sonne ungehindert Zutritt. Nur in der kalten Jahreszeit wurden die exakt zusammengefügten kleinen Holzrahmen mit weißem Papier verklebt. Freilich, der Sturm zerriß dies Papier häufig, und fürwitzige Finger bohrten gerne von außen ein Guckloch hinein. Warum auch nicht? Das Leben des Ostens spielte sich großenteils vor den Häusern und auf der Straße ab. ‚Privat', dies Wort, das besagt, daß ein Mensch ein Recht hat, zuzeiten sich selbst zu gehören oder ganz allein einen Raum für sich zu genießen, war ein Anspruch, den erst die Westländer gebracht hatten.

So war es auch nicht weiter verwunderlich, daß sein sechster Sohn Ju-un (Große Gnade) kein eigenes Bettlein hatte. Grausam wäre es gewesen, das kleine Wesen eine ganze Nacht lang für sich allein schlafen zu lassen. Es war in der Frühe dieses Tages geboren und lag nun neben der Mutter unter der Wattedecke auf dem harten Bett. Dahin gehörte es. Der große, runde Reiskorb, ausgepolstert mit einer Wattedecke, nahm es zuweilen am Tage auf.

Nachdenklich betrachtete Vater Sung den kleinen Sohn. Seltsam sah das Neugeborene aus, das mußte man zugeben. Der Kopf war ungewöhnlich groß und blieb es auch. Der untere Teil des Gesichts hingegen erschien auffallend klein. Zudem war die Hautfarbe für den Süden Chinas sehr dunkel. Nein, Pastor Sung liebte diesen Sohn nicht. Er war auch zur Unzeit geboren. Die Familie war noch immer arm, und ein Esser mehr schien keine erfreuliche Aussicht.

Ju-un oder Sung Siong-ceh – letzterer war sein amtlich eingetragener Name – trug wie das ganze Geschlecht der

Sung etwas vom Gepräge der Landschaft an sich, der sie angehörten. Fukien, ihre Heimatprovinz, ist von grandioser Schönheit. Eine zwei- bis dreitausend Meter hohe Gebirgskette bildet im Westen die Grenze zum übrigen China und sendet ihre Ausläufer in massigen Vorgebirgen bis zum südchinesischen Meer. Schluchten von auserlesener Großartigkeit und kühner Wildheit zerklüften die blaugezackten Linien der Bergkämme. Tosend stürzen zahlreiche Flüsse über Felsgestein zum Meer. Hohe Felsen recken sich gleich mächtigen Statuen von Menschen oder Tieren empor. Windzerzauste Föhren und purpurnes Heidekraut schieben sich tief hinein ins graue und braunrote Granitgestein. In den Tälern schmiegen sich, terrassenförmig gestuft, die Reisfelder ins Gefüge der Landschaft, während sich an den Hängen der Teestrauch ausbreitet. Der Küste Fukiens sind unzählige kleine Felseninseln vorgelagert.

So sind denn die Menschen hier rauher und energischer als die Menschen der Ebene im Norden. Dort, wo die Berggipfel hoch hineinragen ins Gewölk, sind sie wagemutig und voll Tatendrang durch den zähen und unaufhörlichen Kampf mit jenen wilden Regionen. Gegen die Küste hin scheinen sich dagegen die Eigenschaften der Bergsteiger mit denen der Seeleute zu verschmelzen. Solcher Art waren die Leute von der Sippe der Sung.

Wundert es uns, daß das Temperament des Pastors heftig war? Und auch Ju-uns kleine Seele war von Leidenschaft erfüllt. Das Barometer im Hause stand häufig auf Sturm. Zorn loderte dann auf, Ju-un rebellierte und sann auf Vergeltung. Die Erwachsenen zwar blieben immer die Stärkeren, doch – im Hofe stand wehrlos der irdene Wasserbehälter. Das Wasser darin, Eimer für Eimer vom Fluß heraufgetragen, war kostbar. Ju-un, von dunklem Haß getrieben, stieß an einem heißen Sommertag den Kopf wieder und wieder dagegen, bis das schwere Gefäß zerbrach. »Ai-yah«, rief die Mutter und schaute kummervoll auf das in der Erde versickernde Wasser, »er hat einen harten Kopf!« Der machte ihm zeit seines Lebens viel zu schaffen.

Ein andermal saß er mit einem seiner Brüder im Hof. Der dampfende Reis schmeckte beiden. Plötzlich erhob sich lauter Streit. Ju-un, maßlos in seiner Wut, warf dem Bruder kurzerhand die Schale mitsamt dem heißen Reis ins Gesicht. Die Schale zerbrach. Erkenntnis der Schuld und Angst vor der Strafe erwachten im selben Augenblick. Wohin sich retten? Hier – der tiefe, dunkle Brunnen! Er würde einfach hineinspringen und sich ertränken – ein oft begangener Weg, die Familie zu kränken. Ju-un rannte auf den Brunnen zu. Doch der schwere Holzdeckel widerstand der schwachen Kraft der kleinen Hände. Nein, das ging nicht. Rasch unters Bett! Da lag er lautlos bis in die Nacht, während die angsterfüllte Familie überall nach ihm suchte. Spät erst wagte er sich hervor. Aber er war nicht vorbereitet auf das, was nun geschah. Schweigend ging der Vater in den kleinen Raum, dessen weißgetünchte Wände mit rohgezimmerten Bücherregalen gefüllt waren. Durch einen Ritz in der Tür spähte Ju-un. Da sah er zu seiner Verwunderung, daß sein Vater den Kopf in die Hand gestützt hatte und weinte. Das konnte er nicht ertragen! Er stürzte ins Zimmer und rief aus: »Was bedeutet das? Ich bin es, der weinen sollte!« Die einzige Antwort des Vaters war: »Gottes Liebe trägt Leid um uns wie ein Vater um das Kind, dessen Herz ihm verschlossen bleibt.«

Der Vater jedoch wußte um das Geheimnis der Vergebung. Sie hatte das entscheidende Wort. Darum war das Leben der Familie im Ganzen ein gutes, gemeinsames. Da war die gute Ordnung der Arbeit, und jedes der zehn Geschwister hatte seine Aufgabe. Doch da war auch die köstliche Freiheit in den Bergen und drunten am rauschenden Fluß bei Fisch- und Krebsfang. Allüberall war Schönheit.

Das war Gottes Schöpfergüte. Die Kinder nahmen diesen starken Eindruck der gütigen und unbegrenzten Macht Gottes mit ins Leben.

In der Schule zeigte Ju-un eine außergewöhnliche Begabung. Nur ein heimlicher Kummer ging stets mit ihm. Das war sein großer Kopf! Gemäß der in seiner Provinz herrschenden Sitte wurde das Haar selten und nie ganz kurz geschnitten. Ziemlich ungehemmt durfte die Mähne schwarzer Haare wachsen. Nicht eben zum Vorteil seiner äußeren Erscheinung hing ihm meist eine Strähne tief in die Stirn. ‚Großkopf' betitelten ihn zu seinem Verdruß die Kameraden. Im übrigen war er gesund und voll frohen Wagemuts. Die Eltern hatten mehr als einmal Grund, Gott für den sonderlichen Schutz zu danken, mit dem er ihren wilden Jungen umgab.

An einem heißen Sommerabend jedoch fand er die Eltern weinend am Bett seiner Schwester. Ein unheimliches, tropisches Fieber hatte ihr irdisches Dasein innerhalb weniger Stunden ausgelöscht. Zum erstenmal stand er dem Geheimnis des Sterbens gegenüber. Beklommen fragte er die Eltern:

»Wohin gehen die Menschen nach dem Tode?« »Zu Jesus«, lautete die Antwort. Ju-un wußte nichts damit anzufangen. Lange Zeit war die Angst vor dem Sterben sein stiller Begleiter. Der Sarg, in dem die Schwester so still lag, schien ihm vorläufig das Ende aller Hoffnung.

MACHE WIEDER LEBENDIG!

Pastor Sung hielt Einkehr bei sich selbst. Er hatte selten Zeit dazu. Die Arbeit in Stadt und Distrikt – er war nun Hauptpastor in Hinghwa – die Reisen, die große Familie, beanspruchten Zeit und Kraft. Sein Herz war beschwert. Die Gemeinde war nicht mehr wie in jenen ersten Tagen, als das Licht Gottes auf all ihre Wege fallen durfte. Weshalb nur hatte ihr Christsein allen Glanz verloren? Hatte die Finsternis der heidnischen Umgebung ihn ausgelöscht? War die Nacht doch stärker als das Licht? Und er selbst? Sein Dienst war Mühsal, eitel Mühsal. Die Verantwortung lag quälend auf seinen Schultern, der zermürbende Kampf mit soviel Elend! Darüber war die Freude erloschen. Ach, daß Gott wieder einbrechen könnte mit Kraft und Herrlichkeit!

Mit solchen Gedanken reiste er zu einer Konferenz, auf der sich chinesische und ausländische Mitarbeiter einmal im Jahr trafen. Sicher gibt es bedeutendere Tagungen, aber von dieser gingen Lebenswirkungen aus, die den Teilnehmern zuerst noch verborgen blieben. Unsichtbar beginnt Gottes Tun und oft da, wo Menschen es nicht vermuten; denn rings im Lande sah es nach Sterben aus. Schwer und drückend lag die große Hitze darüber. Der Regen war ausgeblieben; nun stand am Eingang des grünen Tals die Dürre und bedrohte alles Leben. Sie schien auch lähmend über den Kirchen und Gemeinden der großen Städte zu liegen. Millionen Menschen ohne Gott! Und kümmerliche, schwache Gemeinden. Wie sollte man sie wach bekommen? Wie die Heiden herbeibringen? Welches Programm konnte man noch aufstellen? Hatte es überhaupt einen Sinn, hier weiterzuarbeiten? Die Fragen bohrten.

Man erwog, machte Vorschläge, erregte sich und wurde müde. Noch eine Stimme meldete sich zum Wort. Zögernd sprach sie – man wußte es ja im Grunde schon lange, aber vielleicht hatte man noch nie gewagt, es ernsthaft zu tun: »Wir wollen Gott bitten, daß er seine Kirche wieder lebendig mache.« Wer ahnte, daß dieser ‚unbedeutende', aber gehorsame Satz *das* Geschehen der Konferenz war?

Gottes Geist unterstrich dieses Wort und machte chinesische und ausländische Teilnehmer einig in dieser Bitte. Man nahm sie mit auf die einsamen Stationen. Und eine der Missionarinnen – sie war in Hinghwa stationiert – schrieb nach Hause: »Betet um Erweckung in Hinghwa.«

Zwei ältere Damen in Amerika lasen die Bitte aus China. Sie ließ ihnen keine Ruhe. In großer Treue beteten sie, bis in ihren Herzen ein Wissen entstand, daß Gott ihr Gebet erhören wolle. Zuweilen schenkt Gott Menschen, die viel im Gespräch mit ihm sind, solche Klarheit. Den beiden betenden Frauen wurde es also langsam zur Gewißheit, daß der Karfreitag für Hinghwa ein Tag werden sollte, an dem Gott anheben wollte, seine Gemeinde aufzuerwecken. Ganz ungewöhnlich war der Brief, der mit solcher Botschaft nach Hinghwa ging. Er erreichte zudem sein Ziel erst nach Ostern! Aber er fand eine Gemeinde, die erlebte, daß Gott seine Zusage: »Ich will euch wieder lebendig machen«, heute noch erfüllen kann und will. Dies göttliche Geschehen hatte am Karfreitag begonnen!

Keine feierlichen Glockenklänge erfüllten in Hinghwa die Luft. Das alte China kannte keinen Sonntag oder christlichen Feiertag. Zudem fiel der Markttag gerade auf jenen Karfreitag. Die Märkte wurden in Hinghwa jeweils an den Tagen abgehalten, die eine 1, 4 und 7 im Datum hatten, an einem anderen Ort an den Tagen mit 2, 5 und 8. Scharen von Menschen drängten sich in den engen Gäßlein. Sie kamen von den Weilern, Farmen und Höfen, quollen durch die Stadttore, sobald sie sich im Morgendämmern öffneten, und füllten jeden freien Raum. Menschen, wohin man sah! »Macht Platz – Pla-a-atz!« Zur Rechten und Linken stießen die muskulösen Männer mit den Ellbogen in die strudelnde Menge. Sie trugen mit schwingenden Schritten schwere Reislasten an den schwankenden Schulterstangen aus Bambus. Am Osttor standen Frauen und Mädchen; die eine oder andere trug eine weiße Blüte von unbeschreiblichem Wohlgeruch im glänzend schwarzen Haar. Eier oder Gemüse boten sie feil. Vor dem alten Tempel dagegen drängten sich Käufer und Verkäufer um das selbstgesponnene, grobe Tuch und die Watte, welche von den Baumwollstauden gewonnen und selbst verarbeitet worden war. Es war ein Handeln und Feilschen; Gelächter, lautes Streiten und das quietschende Grunzen der Schweine klangen hinein. In rhythmisch wiederkehrendem Ton kündete sich der Stoffhändler an, der im Gehen auf eine kleine Holztrommel schlug, während er die farbigen Baumwollstoffe empfahl, die er auf dem Rücken trug. Von schwerbeladenen Booten auf dem Fluß ertönte der Singsang der Kulis; über allem schwebte der verlockende Geruch von Gebratenem und Gebackenem, der aus den nach der Straße zu offenen Speisehallen und von den Kesseln der Männer mit wandernden Garküchen kam. Niemand war in Hetze. Es war die ‚hwa-hwa shedschiai, die bunte, bunte Welt', die sie alle so sehr liebten!

Der Lärm drang herein in die Kapelle. Die Christen der kleinen Stadt trieben während des Gottesdienstes keinen Handel. Treu, doch ein wenig gleichgültig und schläfrig saßen sie auf den schmalen, harten Bänken. Der Mann, der an jenem Tag zu predigen hatte, stand nicht im Ruf außerordentlicher rednerischer Gaben. Aber er liebte seinen Herrn und war demütig genug, daß Gott sich seiner bedienen konnte, um andern zu begegnen. Gelassen hörte die Gemeinde den Text: Jesaja 53; das konnten sie auswendig. Die Karfreitagsgeschichte kannten sie alle.

Doch als der Mann am Rednerpult sie nun den Leidensweg nach Golgatha hinaufführte, als er mit ihnen unter dem ragenden Kreuz des Heilands stand und ihnen verkündigte: »Dieser trug unsere Sünden an seinem Leibe auf das Holz«, da wurde dem Prediger selbst die Tiefe der Botschaft, die er weitergab, neu lebendig. Er erzitterte vor der erschreckenden Wirklichkeit seiner Verlorenheit, der er rettungslos verfallen war; er war erschüttert von der noch mächtigeren Wirklichkeit der erlösenden Gottesliebe. Meine Sünde! Gottes Geist machte das Wort lebendig.

Vorbei war die selbstzufriedene Ruhe! Niemand mehr dachte an die Fehler des andern, sondern jeder sah sich selbst dort unterm Kreuz und bekannte seine Schuld. Das Handeln und Feilschen schien weit entfernt. Der da am Kreuz hing, war ihr Herr, dies sein klarer Gehorsam bis zum Tode. Im scharfen Kontrast dazu die Jünger: schlafend, fliehend, verleugnend. In seiner dunkelsten Stunde war Gottes Sohn ganz einsam: Verrat, Verlassenheit umgab ihn. Ein Petrus, ein Judas, die Jünger, das waren nicht irgendwann einmal irgendwelche. Sie selbst waren es, die den Herrn Christus von neuem gekreuzigt hatten!

»... auf daß wir Frieden hätten, und durch seine Wunden sind wir geheilt.« Menschen, die diese Botschaft für ihre konkrete Sünde hörten, gingen in ihre Verhältnisse zurück im Frieden Gottes. Nicht nur ihr Gemüt, nein, auch ihr Wille, ihr ganzer Mensch, war angerufen. Deshalb folgte ein Tun des Friedens: Versöhnung und Wiedergutmachen, soweit dies möglich war. Da wurde Reis, dort Geld, vielleicht vor Jahren entwendet, zurückerstattet. Und es war große Freude in jener Stadt. Staunen befiel die Heiden ringsum: Die Christen glaubten tatsächlich, was sie bis dahin lediglich am Sonntag im Gottesdienst bekannt hatten: »Ich glaube an Gott Vater, den Allmächtigen.« Sie vertrauten und gehorchten Gott bis hinein in ihre Geldgeschäfte. Was für ein Gott mußte das sein? Gewiß, er lebt!

Heiden kamen in großer Zahl in die Kapelle. Sie wollten diesen Gott kennenlernen. Eine gereinigte Gemeinde wurde eine zeugende Kirche. Innerhalb von zwei Monaten entschieden sich 3000 Heiden für den ‚Jesusweg' und meldeten sich zum Taufunterricht. Im ganzen Distrikt entstanden neue Kapellen.

Unter denen, die ein neues Leben beginnen wollten, war auch des Pastors neunjähriger Sohn Ju-un. Zeit seines Lebens vergaß er die Karfreitagspredigt nicht mehr! Gott hatte die Hand auf ihn gelegt von dieser Stunde an. Seine Bekehrung schrieb Ju-un erst einem viel späteren Erlebnis zu. Doch an jenem Tag leuchtete ihm zum erstenmal auf, daß in einem Leben Verwandlung geschehen kann unter der Tatsache: »Er hat mich angenommen, denn er erlöst meine Seele aus der Hölle Gewalt.« Gebet und Bibellesen wurden ihm nun wichtig. Und ein Drittes: Andere mußten die Botschaft hören! Gottes Geist war an der Arbeit.

Es war nicht länger kalt und langweilig in der Kirche zu Hinghwa. Das Feuer, das Gott wieder entzündet hatte, schmolz die traditionelle Formalität. Es warf seinen hellen, warmen Schein bis hin zu den kleinen versteckten Dörfern und hinein in die großen Märkte. Vielleicht gab es doch etwas, das größer war als die Tradition der Geschlechter, wichtiger als steigende und fallende Reispreise?

Und die Menschen stiegen von den Bergen ins Tal. Sie kamen über die gefährlichen Stromschnellen oder wanderten auf mühevollen Bergpfaden eine halbe, ja, nicht selten auch eine ganze Tagesreise weit zum Gottesdienst nach Hinghwa, um zu hören und zu sehen, was Gottes Gnade zu tun vermochte. Die Kapelle wurde zu klein. Man errichtete ein Zelt, in dem 3000 bis 4000 Menschen sitzen konnten. Und wenige gingen wieder nach Hause, denen Gott nicht begegnet war.

Ju-un sah, erlebte, war dabei. Seine Gedanken gingen immer wieder der einen Tatsache nach, daß dies auch die Antwort auf die Gebete der Christen in Amerika war. Welch ein Wunder! Diese Tage gehörten zu den glücklichsten Erinnerungen seiner Kindheit. Als er selbst ein weithin geschätzter Bote Jesu geworden war, blieb es sein stetes Gebet: »Herr, laß deinen Geist so von mir Besitz ergreifen, daß, wo immer ich gehe, das dürre Ackerland so mancher Herzen wie ein sprießender Garten werde, über den der erquickende Regen ging.« So wie es in jenen unvergeßlichen Tagen in Hinghwa geschehen war.

Auch Pastor Sung schritt tiefer hinein ins Licht Gottes. Die *Qual* der Verantwortung ward von ihm genommen, denn er erfaßte die Realität des heiligen Geistes. Jünger sein heißt einen Herrn haben, der die Verantwortung für den Dienst seiner Boten übernimmt. Es gilt nur, so in seiner Nachfolge zu stehen, daß seine Taten unter uns geschehen können. Pastor Sung wurde es klar, er mußte mehr Zeit schaffen für den Umgang mit Gott, mehr Zeit auch für die Fürbitte. Aber jeder Raum des Hauses ward von mehreren Gliedern der großen Familie beansprucht. So stieg in der Morgenfrühe, noch ehe die aufgehende Sonne die Gipfel der Berge berührte, Pastor Sung die Anhöhe hinter dem Haus hinan, um dort allein zu sein mit Gott. Etliche Zeit darauf öffnete sich die Tür noch einmal leise, man sah dann den Sohn denselben Weg gehen, hinter dem Vater her. Und über dem Beten mit seinem Vater lernte Ju-un immer besser, selbst zu beten und mit der Macht des Gebets zu rechnen. Vater und Sohn teilten das Geheimnis der Gegenwart Gottes miteinander.

Aber eines Tages war die führende Hand des Vaters nicht da. Schwerkrank lag er in der Kammer. Er war im tobenden Sturm von Foochow her über die Berge nach Hause gewandert und hatte sich eine schwere Erkältung zugezogen. Als der Tod schon seinen Schatten über die Hütte warf, sagte Frau Sung zu dem schluchzenden Jungen: »Du mußt nicht weinen! Geh und bete für deinen Vater. Gott hört Gebet.«

Die Trostlosigkeit völligen Verlassenseins umfing Ju-un, als er eine einsame Ecke suchte und zu seinem Vater im Himmel betete. Die erste Lektion, allein zu stehen! Gott schenkte dem Vater eine rasche und völlige Genesung. Die Krankheit kehrte nicht wieder. Ju-un war überwältigt von dankerfülltem Staunen: Gott hatte sich zu seinem schwachen, ängstlichen Beten geneigt! Tief im Grunde seines Herzens verankerte sich die Gewißheit, daß Gott willig und mächtig genug ist, das Gebet des Glaubens zu hören und Kranke zu heilen. Auch als in seinen Studienjahren das Licht seines Glaubens an Jesus Christus im Sturm des Zweifels erloschen war, konnte sein Glaube an die Wirksamkeit des Gebets nicht ganz zerstört werden. »Gebet ändert die Dinge, und es ändert die Menschen« – ein wenig erst hatte er davon erfahren. Und schon begann eine starke Kraft, die sein Mannesleben so köstlich machen sollte, ihr gestaltendes Werk.

WANDLUNG UND HEMMUNG

Auf dem schmutzigen Lehmfußboden liegt schreiend und strampelnd ein Neugeborenes. In den meisten Häusern und Hütten Hinghwas herrschte noch die Ansicht, daß Kinder am besten auf dem Fußboden geboren werden. Mürrisch drehte sich die Mutter zur Wand. »Wieder ein Mädchen«, seufzte sie. Sie hatte schon genug Mädchen und immer noch keinen Sohn. Und doch können nur die Söhne die Ahnenopfer für die Verstorbenen darbringen.

»Am besten ist es, die Last ganz loszuwerden«, sinnt die Mutter, eine fromme Heidin. Man trägt das Kindlein hinaus, an irgendeine einsame Stelle, damit es dort irgendwie umkomme. Schreiend zuerst, dann kläglich wimmernd liegt das kleine Geschöpflein da, verlassen, ungewollt. »Muh-iu fah-tse – da kann man nichts machen«, murmeln ein paar Vorübergehende. Eine ganze Lebenshaltung kommt in dem vielgebrauchten Wort zum Ausdruck.

Doch dann kommt eine junge Frau; einen Korb Erdnüsse trägt sie. Viele Male hatte sie sich heute gebückt, bis sie alle aus der Erde gesammelt waren. Und nun bückt sie sich noch einmal. Sie hebt das Kindlein auf und nimmt es an ihre Brust. »Ju fah-tse – es gibt einen Weg«, murmelt die Christenfrau. Dann bringt sie »Ungewollt« ins Waisenhaus.

Dieses Haus steht erst, seit Gott der Gemeinde neues Leben geschenkt hat. Wo Gottes Wort entscheidend wird in den Gemeinden, entsteht nicht Enge, sondern ein sich ständig weitender Horizont, ein konkretes Tun. Wo das Evangelium gepredigt wird, ändert sich manches. So sah man in Hinghwa plötzlich die Not der ungewollten Kinder. Und Herzen und Gelder wurden frei für Taten der Liebe.

Mühsam lernten schwerfällige und ungeübte Frauen jetzt das Lesen. Sie waren ‚nur Mädchen' gewesen, die einmal heiraten sollten. Dafür waren sie von Kind auf erzogen. Lesen war dabei nicht wichtig, das lernten nur die Bevorzugten. Doch nun wollten die Frauen ihre Bibel lesen. Deshalb kamen sie zu den Leseklassen. Und ihre Kinder sollten das Lesen zeitiger lernen, ja, auch die Mädchen! Der Missionar, der schon lange darauf gedrängt, fand nun plötzlich eifrige Unterstützung: zur Elementarschule gesellte sich eine Jungen- und Mädchenoberschule. Neunzig Prozent der Schüler kamen aus christlichen Familien. Aber mußte nicht vor allem die Kunde vom Leben, ‚das nicht stirbt', weiter gesagt werden? Sie taten es, so gut sie es vermochten. Aber man brauchte dazu ein Rüstzeug und vollamtliche Kräfte. Deshalb entstand eine Bibelschule für Männer, bald darauf eine zweite für Frauen. So zeigte sich das neu gewordene Leben in Hinghwa in stetem Wachstum. Wo schläfrige Stagnation geherrscht, gab es nun Bewegung, die immer weitere Kreise erreichte. Drei Gottesdienste fanden Sonntag für Sonntag in Hinghwa statt, um den Vielen Raum zu bieten. Durstige Wanderer tranken aus dem strömenden Quell des Wortes. Und im Weiterwandern reichten sie das Lebenswasser anderen. Auch Ju-un.

Er war nun in einer der letzten Klassen der Oberschule und stellte sich mit seinen jungen Kräften fröhlich ins Leben der Gemeinde. Was machte es schon aus, daß man ihn den ‚kleinen Pastor' nannte! Er wollte, soweit er nicht durch die Schule belegt war, seines Vaters Helfer sein. Es ging aber um mehr als des Vaters Arbeit. Die neue Welt Gottes, das unvergängliche Reich, war ins Blickfeld seines Lebens getreten. Als Ju-un etwa achtzehn Jahre zählte, stand sein Name auf der Liste der jungen Männer, die mit auf Dorfevangelisation gingen und sich in einem bestimmten Turnus bei der kurzen Ansprache abwechselten. Gelegentlich vertrat er seinen Vater, wenn dieser verhindert war. Und die vornehmen Sippen ebenso wie die zahlreichen Pächter, die weit zerstreut inmitten der Reisfelder wohnten, öffneten die einst verriegelten Türen, denn sie liebten den ‚kleinen Pastor'. Er war so fröhlich und konnte singen! Und wie sie zuhörten, wenn er am Straßenrand stand und plastisch eine Geschichte der Bibel erzählte! Nun war die Zeit gekommen, da Sung die im Gedächtnis aufbewahrten Schätze eines guten Kindergottesdienstes zum allgemeinen Nutzen hervorholte. An Hand seiner Bibel und des im Kindergottesdienst Gehörten erarbeitete er biblisch fundierte Evangelisationsansprachen, die er damals mit großer Würde vortrug. Worte nur waren es, aber Gott machte sie lebendig. Männer und Frauen kamen zum Glauben.

Doch Ju-un mußte wie so mancher andere unter Schmerzen entdecken, daß es außerhalb der Familie leichter war, ein Jünger Jesu zu sein, als daheim ein stetiges Christenleben zu führen. Erschreckend waren die Ausbrüche seines Temperaments: Stolz, der sich vor nichts und niemand beugte, und krasser Egoismus kamen ans Tageslicht. Und das gar nicht so selten! Pastor Sung hatte durchaus nicht den Eindruck, daß sich sein Sohn zum Pfarrer eignete, und beschloß, ihn bei der Marine unterzubringen. Diese Berufswahl lag nahe bei der forschen Art des Jungen, der in einer ans Meer grenzenden Provinz aufwuchs. Ju-un war einverstanden. Die Aufnahmeprüfung für die Marineschule in Foochow machte ihm keine Sorgen. Daß er versagen könnte, schien ihm nicht in Frage zu kommen, und mochten es noch so viele Bewerber sein. Der Junge wußte, daß er ein über den Durchschnitt begabter Schüler war. Auch über seine robuste Gesundheit konnte kein Zweifel bestehen. Hatten ihm seine Lehrer nicht eine glänzende Laufbahn prophezeit? Freilich, einige seiner Rivalen warfen ihm vor, er arbeite zu viel. Sie waren der pessimistischen Ansicht, er würde sich eines Tages noch zu Tode arbeiten.

Ju-un hatte alles für die Reise vorbereitet. Der Weg schien gewiesen. Doch Gott hatte – wie für jedes Leben – auch hier einen bestimmten Plan. Deshalb griff er ein. Als die Zeit für die zwei Tage beanspruchende Reise herankam, war Ju-un krank. Seine Beine waren so geschwollen, daß jedermann von der Reise abriet. Doch er war entschlossen. Mit unbeugsamem Willen erzwang er Schritt für Schritt den Weg über die unwirtlichen Berge. Endlich tauchte Foochow in der Ferne auf! Das Ziel wurde erreicht; aber der anstrengende Marsch hatte den geschwächten Körper völlig ruiniert. Der Arzt schob ihn ohne jede weitere Diskussion beiseite. Bei ihm war er auf jeden Fall durchgefallen.

Doch Sung gab nicht auf. Er setzte alle Hoffnung auf ein gutes Examen. War er nicht klüger als die übrigen? Das Aufsatz-Thema schien brauchbar. Es war ein Wort des Konfuzius: „Der edle Mann streitet nicht." Aber Sung versagte auch hier. Da erwachte er aus dem Rausch eigensinniger Sicherheit. Er dachte an seine Überlegungen über den Ausspruch des großen Weisen. Enthielt dies Wort nicht auch eine Lektion der Demut? Bescheidener als er gekommen, wanderte Ju-un über die Berge zurück.

Gott war es, der die Tür zur Erfüllung seiner ehrgeizigen Pläne schloß. Nun wollte er lernen zu hören, was Gott von ihm haben wollte. Voll Eifer bereitete sich Sung auf die Universität vor. Doch das Land war voll Unruhe. Über die Berge schaute die neue Zeit auch nach Hinghwa herein. Selbst ‚der alte Buddha' auf dem Drachenthron hatte nicht vermocht, das alte China zu retten. Sun Yat-sen hatte durch seine Revolution und seine Reformen eine neue Ordnung begonnen. Unter seiner Führung begann am Neujahrstage 1912 das ‚erste Jahr der Republik'. Das sich wandelnde China stand in starker, geistiger Auseinandersetzung mit Parolen und Ideen, die aus dem Westen stammten.

Tiefe Erregung bemächtigte sich der jungen Republik, als nach dem ersten Weltkrieg Tsingtau und Tientsin den Japanern zugesprochen wurden. Die politische Lage war äußerst gespannt. Wild und zerstörend flammte der Haß gegen Japan auf. Studentische Umtriebe waren an der Tagesordnung. Sung war uneins mit sich selbst. Sollte man mittun? Es ging um sein geliebtes Land. Aber konnte er das? Sein Land bedurfte doch solcher Männer, die ein tüchtiges Studium hinter sich gebracht hatten und etwas leisten konnten. Darüber hinaus aber ging ihm ein Ahnen auf, daß die größte Frage seines Landes nicht die politische, sondern die geistliche war. Wird doch Aufstehen und Fallen der Völker von göttlichen Gesetzen beherrscht. Nun sah er den nächsten Schritt vor sich. Am besten konnte er seinem Lande dienen, wenn er mit Eifer studierte, statt sich an den studentischen Demonstrationen zu beteiligen. Um dieser Überzeugung willen nahm er gelassen Vorwürfe und Schikanen auf sich.

Seinen Dienst am Ganzen tat er als Herausgeber der wöchentlichen Schulzeitung. Noch fruchtbringender war seine literarische Neigung als Mitarbeiter an der Zeitschrift ‚Erweckung' angewandt. Dieses Blatt gab sein Vater heraus. Es erfreute sich einer großen Abonnentenzahl.

Sung liebte Bücher; er las viel. Manche Stunde verbrachte er in dem harten Bambusstuhl neben den Bücherständen seines Vaters und verschlang die neuesten Errungenschaften. Schon zu jener Zeit begann er regelmäßig Tagebuch zu führen, eine Gewohnheit, die er bis ans Ende seines Lebens beibehielt.

Und überall waren Kinder! Noch bestand kein Schulzwang in China. Die wenigsten konnten lesen. Sung sammelte sie während der Ferien, etwa hundert an der Zahl, richtete Leseklassen ein und brachte sie so weit, daß sie das Neue Testament lesen konnten. Wenn diese wilde Jugend vom ‚kleinen Pastor' sprach, schwang ein Unterton dankbarer Liebe mit.

Die Schulzeit neigte sich dem Ende zu. Noch waren die angehenden Studenten nicht die adretten jungen Leute in Schuluniform nach westlichem Schnitt. Sie erschienen barfuß und zollten im großen ganzen ihrer äußeren Erscheinung wenig oder keine Aufmerksamkeit. Familie Sung zumal hatte kein Geld übrig für das, was sie in Fragen der Kleidung Luxus nannte, und Ju-un selbst war nicht wählerisch. Er zog Bücher den Kleidern vor. Doch der Tag der Abschlußprüfung an der Memorial High School war eine Ausnahme. Die Eltern hatten ihm ein langes, chinesisches Gewand versprochen. Auch das spornte an. Von Stolz erfüllt, las er seinen Namen als ersten auf der Liste der Geprüften. Zum erstenmal trug er sein neues blaues Gewand, als er im Verlauf der Schlußfeier nach vorn kam, um sein Reifezeugnis zu empfangen. Dies Gewand begleitete ihn auf allen späteren Reisen kreuz und quer durchs chinesische Reich und wurde bei besonderen Anlässen getragen.

Alle ehrgeizigen Pläne Ju-uns und seiner Kameraden kreisten um Nanking, die neue Hauptstadt der Republik. Und dort um den einen Namen: ‚Die Ginling'! So hieß die überall mit Achtung genannte Universität. Bald würde er dort sein! Weit dehnte sich Ju-uns Herz in großer Erwartung. Als die Reisfelder im Schmucke der jungen Saat smaragdgrün schimmerten, kaufte Ju-un zwei leichte Bambuskisten für die Reise. Aber über seinem Gesicht lag ein Schatten: Seine älteste Schwester, die Feine, Kluge, lag in wirren Fieberphantasien auf der Bambusmatte ihres Lagers.

Nach zwei Tagen war Da-mei tot. Blaßblaue Orchideen von seltener Schönheit blühten rings um das frische Grab, das im Schatten eines kleinen Bambushaines lag. Ju-un aber wußte, als er an einem der folgenden Tage dort stand, daß er vorläufig seine kühnen Hoffnungen auf ein Studium aufgeben mußte. Unsicher war alles Planen. Der kleine, halbrunde Grabhügel schien seinen Weg ins Leben zu versperren. Die Eltern waren nun nicht mehr willig, ihn ziehen zu lassen. Zudem hatten Krankheit und Tod alle Mittel, die für die Universität erspart waren, verschlungen. – An der Wegbiegung tauchte die Gestalt des Vaters auf und riß ihn aus seinen Grübeleien. Wie gebückt er kam! Ju-un wußte plötzlich, was er sollte. Der Vater bedurfte jetzt seiner jungen Kräfte. Er blieb weiterhin ein freiwilliger Bote des Evangeliums in seinem Heimat-Distrikt.

Er wanderte in die Dörfer und nahm Gruppen von älteren Schülern mit hinaus, die sich der Kinder annahmen. Manchmal jedoch übersprang der missionarische Drang die Grenzen. Am Dorfeingang hatte der Tu-Di-Götze seinen Platz. »Wer bittet, wird erhört«, stand unter dem Lehmgebilde in der Nische. Dieser Götze für die alltäglichen Anliegen reizte den Unwillen der jungen Bekenner. Weg damit! Sie würden beweisen, daß er, völlig hilflos, sich nicht einmal selbst zu retten vermochte! Und glühend vor Begeisterung zertrümmerten die Burschen die bemalte Figur.

Aktiv, heiter, beliebt, so war Sung Ju-un bei Tage. Doch in stillen Nachtstunden wurde die andere Seite seines Wesens offenbar. Er grübelte, war entzweit mit sich selbst. Dorfevangelist? War das eine Lebensaufgabe? Seine gar? Nein! Abwehr war in seiner Seele. Seine Gaben mußten sich entfalten. Er mußte studieren! Das forderten die großen Aufgaben seiner Nation.

China begann neue Wege zu beschreiten. Er wollte dabei sein. Sie alle erlebten, wie die Götzen, die Religion, ja selbst die Sippe unter dem Ansturm des Neuen zerbrachen. Warum aber wurden seine Pläne immer durchkreuzt? War es wirklich so, wie die Kameraden in der Schule sagten, daß der Gott, den die Ausländer gebracht, fern war, nichts anderes als ein von ihnen erdachter Gott? Und der einzelne Mensch? War er ein Spielball des Schicksals, hierhin und dahin gestoßen von unbekannter, harter Faust? Das war der Glaube vieler seiner Kameraden. Ihn nannten sie zwar den kleinen Pastor. Aber was steckte schon hinter all seiner glühenden Aktivität? Freude am Tun und ein Herz voll Unrast! Aufstöhnend hüllte er sich in die dünne Wattedecke. Dennoch, Ju-un faltete die Hände und betete. Aus Gehorsam.

Viel später schilderte Dr. Sung die Arbeit jener Jahre einmal als »ebenso in die Augen fallend wie das strahlende Blau im Gefieder des Eisvogels, üppig wie das Laubwerk des Sommers, jedoch ohne eine einzige Frucht für den Herrn Jesus«.

Gott rief. Doch der junge Sung vernahm die Stimme nur unklar, wie aus weiter Ferne. Der Weg seines Lebens schien verwirrt und voller Hindernisse, während Gott schon dabei war, sein Leben zuzubereiten für eine Entscheidungsstunde seines Volkes.

STUDENT IN AMERIKA

Kaum merklich zunächst ergriff eine andere als die bisherige Welt Besitz von dem abgelegenen Tal. Sie kam in Gestalt heimkehrender Studenten; sie kam auch täglich mit der Zeitung, der Ta-Kung-Pao.

Als begieriger Zeitungsleser durchflog Ju-un die Spalten: Unruhen, Räuberüberfälle, schwankende Preise, Demonstrationen der Studenten. In neuen Variationen immer dasselbe. Ein zielstrebiges Studium würde kaum möglich sein. Der junge Sung überlas alles rasch und vertiefte sich dann in die Spalte des Auslands. Amerika! Land der großen Möglichkeiten! Langsam stieg eine Sehnsucht hoch, formte sich zum brennenden Verlangen, gewann greifbare Gestalt, stand endlich da als unabweisbare Forderung.

Braun und kahl lagen die winterlichen Felder, ohne Zeichen des Lebens, und doch sammelte der Boden schon die guten Kräfte, die durch Sonne und Regen in ihm bereitet wurden. Bald würde es Zeit sein, den schlammigen Grund zu pflügen.

Da trat Ju-un zu seinem Vater: »Vater, ich werde in Amerika studieren.« »In A–me–ri–ka?« stammelte Pastor Sung. Er meinte, nicht recht gehört zu haben. Dann brach sein Ärger los: »Was du wohl glaubst? Meinst du, ich hätte mein Geld dazu erworben, damit du ausländische Tinte essen gehst und deinen Kopf mit leerem Stroh füllst? Wofür hältst du mich? Vergiß nie, daß ich nicht der Mandarin von Hinghwa bin, sondern ein Pastor mit einem sehr kleinen Gehalt.« Doch Sung – vom Ehrgeiz nach hohen, akademischen Ehren beseelt – war unerschüttert. Er hatte ein Ziel erblickt und ahnte, daß Gottes Hand in sein Leben eingreifen würde.

Ju-un begann über den Plänen seines Lebens zu beten. Lange war er nicht mehr an jener vertrauten Stelle auf der Höhe gewesen. Nun wanderte er wieder hinauf und sagte seinem himmlischen Vater von dem heißen Wunsche, in Amerika zu studieren, um ihm danach in China zu dienen. Eine ganze Woche hindurch bat er Gott, ihm den Weg nach Amerika zu öffnen.

Seltsam verschlungen liegen ehrgeiziges Streben, kühnes Bitten und ein starkes Verlangen, Gottes Willen zu tun, oft in den Herzen seiner Kinder. Gott aber nimmt den Beter und sein Wünschen in seine verwandelnden, ordnenden Hände und rückt alles an die rechte Stelle. So erlebt man seine Führungen. Denn wo der oftmals irrende Mensch über alles Geschehen seines Lebens im Gespräch mit Gott bleibt, klären sich die Wünsche und erstarken Vertrauen und Gehorsam.

Den Willen zum Gehorsam brachte Ju-un mit in dieses Gespräch. Seine Erkenntnis wuchs; denn wir werden immer genau so viel von Gott erkennen, als wir bereit sind, in die Wirklichkeit umzusetzen.

*

Ein Brief aus Peking! Ju-un unterhielt keine Beziehungen nach dort. Stimmte es wirklich, was er las? Sorgfältig las er ein zweites Mal. Er hatte sich nicht geirrt: Der Brief enthielt das Versprechen, ihm eine Zulassung zu der Ohio Wesleyan Universität zu verschaffen, und gleichzeitig das Angebot einer Freistelle! Als Unterschrift der Name einer amerikanischen Missionarin. Offenbar hatte sie auf irgendeine Weise von dem begabten Pastorensohn gehört.

»Auch für Wohnung und einen Mittagstisch werden wir sorgen«, hieß es noch in dem Schreiben. Der angehende Student rannte in seiner Eile, zum Vater zu gelangen, den kleinen Bruder um. Kopfschüttelnd sah ihm die Mutter nach, während sie die eingeweichten Sojabohnen durch die große Steinmühle drehte. Was war nun schon wieder? Er war doch ein unruhiges Blut! Ihr Sohn aber stand schon – mit dem Brief bewaffnet – vor dem Vater. Konnte es überhaupt noch einen Zweifel geben? Solch ein Angebot!

»Und wer zahlt die Reise?« fragte der Vater trocken. »Ich konnte in dreißig Jahren meines Dienstes nicht einmal genug ersparen, um dir die Hinfahrt zu bezahlen.«

So sollte alles aus sein? Kein Wort sprach der junge Sung. Er ging zur Bergeshöhe, und Gott schaffte einen Ausweg; denn er kann Herzen bewegen. Es kamen Briefe, Geldsendungen mit großen und kleinen Geldbeträgen. Sie stammten von einstigen Schülern des Vaters, die nun im Amte standen und von dem Wunsche gehört hatten. Die Sache ihres einstigen Lehrers war ihrer aller Sache. Mußte man nicht zum Reisegeld helfen, wenn seinen Sohn in Amerika eine Freistelle erwartete?

Fünfhundert chinesische Dollar kamen zusammen, und als zur gleichen Zeit der amerikanische Golddollar stark fiel, hatte Ju-un mehr als genug für die Überfahrt. Sorgfältig legte er eine Liste an, alles sollte den Spendern einmal zurückerstattet werden. Dennoch wurde Vater Sung der Sache nicht froh. Nur widerwillig gab er seine Erlaubnis.

Der Koffer war gepackt; viel besaß Ju-un nicht. Die Glanzstücke waren zwei ausländische Anzüge. Seine Bibel barg er im Handgepäck. Zum letzten Male stieg er zur Anhöhe hinauf; Verheißung lag über dem Lande. Von zartrosa Blütenschleiern umwoben standen die Pfirsichbäume, Fresien öffneten elfenbein- und safranfarbene Kelche; das Geheimnis werdenden Lebens webte um Baum und Feld. Herb, klar, unendlich lag die große Landschaft im Licht des kommenden Tages. Ju-un packte es mit Gewalt. Sein Land! Sein schönes und gequältes Land! Noch nie hatte er es so erkannt.

Lange saß er so, im Innersten aufgewühlt. Dies war sein Abschied. Keiner ahnte an jenem Februartag des Jahres 1920, daß die Trennung mehr als sieben Jahre dauern sollte.

Dampfer tuteten, kleine, chinesische Sampans fuhren geschäftig hin und her. Unter Lärm und Geschrei bahnte sich der Küstendampfer nach längerer Fahrt durch das Gewirr der Boote einen Weg zur Anlegestelle. Menschengewühl – bunte Geschäftigkeit. Kulis stürzten an Deck und bemächtigten sich des Gepäcks. Man ging an Land. Die acht Studenten aus Hinghwa, die miteinander die Reise nach Amerika angetreten hatten, waren in der Weltstadt Shanghai.

Bis zur Abfahrt des großen Ozeandampfers wohnten sie im Gasthof ‚Östlicher Friede'. Sungs Kameraden hatten viel Geld. Sie gaben es in einem bunten Kreislauf von Lustbarkeiten aus. Die prächtigen Geschäfte, die Tanzdielen, Cafés, die ausländischen und chinesischen Theater bis hin zu den Vergnügungen der Flohturniere, in denen abgerichtete Flöhe gegeneinander kämpften, forderten geradezu dazu auf. Sung, ihr Gefährte, sonst so gescheit und lustig, war ihnen unbegreiflich. Der saß in dem engen Hotelraum, studierte, las die Zeitung und – es war nicht zu glauben – die Bibel.

Er ‚zog die Rikscha nach rückwärts', so nannten die fortschrittlichen jungen Leute an Schulen und Universitäten solches Tun. Weiter machte Sung eifrige Aufzeichnungen in sein Tagebuch. Merkwürdig – so was! Nun, ihnen war es einerlei, ob er Konfuzianer, Christ oder Buddhist war. Sie jedenfalls waren weder das eine noch das andere. Ihre Parole hieß Wissen, Kenntnisse. Denn Wissen bedeutete Macht. Das sahen sie an den großen abendländischen Nationen. Das Feuer moderner Wissenschaft verzehrte in jenen Jahren unter den Gebildeten Chinas weithin den primitiven Götzenglauben. Teilweise erhellte es die Nebel groben Aberglaubens, aber es griff gleichzeitig vernichtend über auch auf den Glauben an Jesus Christus.

Am 2. März lichtete die ‚Niles' die Anker. Ju-un hatte eine Einzelkabine, zum ersten Male im Leben einen Raum, den er ganz allein bewohnte. Es war ein Luxus, den er voll genoß. Im übrigen lebte jeder der acht jungen Männer an Bord im gleichen Stil weiter wie in Shanghai. Sung trieb seine Studien, er war ein Mann der Disziplin. Schon am Anfang seiner Jüngerschaft erkannte er, daß zwischen einem gesunden Glaubensleben und recht geübter Disziplin ein enger Zusammenhang besteht. Natürlich hatte er manchen Spott zu tragen, er war nicht nur der einzige Christ, sondern auch der einzige, der kein Geld übrig hatte. Was er bei sich trug, gehörte ja im Grunde dem Freundeskreis in der Heimat. Bald entdeckten die Gefährten, welch breiten Raum das Notizbuch mit den täglichen Eintragungen in seinem Leben einnahm, und eines Tages ließen sie es verschwinden. Wahrscheinlich im Meer. Sung sah es nie wieder. Ohne Bedauern ließ er die Gesellen ihren Weg ziehen, als sie alle am 22. März in San Franzisko an Land gingen.

Dies also war San Franzisko! Ju-un fröstelte. Die schöne Stadt mit aller Fülle des Reichtums dünkte ihn leer und kalt. Niemand kümmerte sich um den fremden Chinesen, der da am Landungssteg stand. Art und Sitten kannte er kaum, sein Englisch war mangelhaft, gewandt war er nie gewesen. So rasch war er abgereist, daß er versäumt hatte, sich zu erkundigen, ob denn die Missionarin, die ihre Hilfe zugesagt, schon ihre Heimreise angetreten hatte. Wenn er nur mit dem Studium beginnen konnte! Zu spät entdeckte Ju-un, daß diese Helferin noch in Peking war!

So stand er da, Fremdling im fremden Lande. Er griff in die Tasche. Sein Geld! Er hatte viel erspart, hatte er doch immer daran gedacht, das erhaltene bald zurückzuerstatten. Das wollte er nun sofort tun! Am nächsten Postamt wurde die Summe eingezahlt und ging zu den Freunden zurück, die ihm die Reise ermöglicht hatten. Das war die erste Tat im fremden Lande. Sechs Dollar behielt er als ganze Barschaft in der Tasche.

Am nächsten Morgen suchte Ju-un die Ohio Wesleyan-Universität auf. Er stand am Ziel. Sehnsucht wurde Erfüllung. Sein Name Siong-ceh Sung wurde in die Liste der Studenten eingetragen. Der in seiner Familie gebräuchliche Name Ju-un verschwand. Ein Stück Verwandlung begann sich zu vollziehen. Doch war er noch immer arm. Es war ihm völlig schleierhaft, woher er täglich den einen Dollar für sein Essen nehmen sollte. Mit nur sechs Dollar in der Hand und nichts in Aussicht war die Lage böse. Er mußte sofort eine Arbeit suchen. Überlegend wanderte er die lange Straße auf und ab, auf und ab.

So also war es, wenn man völlig allein war! Aber war Gott nicht auch in San Franzisko, und war es nicht derselbe Herr, den er in China erprobt hatte? Zwar wanderte er ziellos umher, doch sein Herz war im Gespräch mit Gott. »Suchen Sie etwas?« klang da eine gütige Stimme an sein Ohr. Eine Dame hatte ihn beobachtet. Ihr Auge war hellgemacht für die Heimatlosigkeit eines Menschenbruders. Und diesem war, als sähe er durch Wolken seines himmlischen Vaters führende Hand. Die mütterliche Frau nahm sich seiner an, besorgte ihm Wohnung und Arbeit.

Der Student war im Nebenberuf Ladenputzer und verdiente 25 Cents die Stunde. Nicht viel – aber man konnte leben und studieren. Die nächste Arbeit fand er bei der Westinghaus-Gesellschaft. Sie brachte ihm 27 Dollar in der Woche ein. Bei der Arbeit sang Sung leise jene chinesischen Melodien, die allen, die sie vernehmen, nachgehen. Die amerikanischen Angestellten hörten sie, der Betriebsleiter wurde aufmerksam. Er ließ den jungen Chinesen kommen. Der Mann interessierte ihn. Dazu war er anstellig. Als der Betriebsleiter nun hörte, was Sung nach Amerika getrieben hatte, ließ er ihn die Bedienung einer schwierigen Maschine erlernen. Diese Arbeit brachte einen Dollar in der Stunde ein. Der Student aus China stand vor der harten Wirklichkeit des Lebens. Sie nahm sich anders aus als die kühnen Hoffnungen, die er in der kleinen chinesischen Stadt gehegt hatte. Aber er stellte die Wirklichkeit seines Lebens täglich in Gottes Licht. Er betete, und seine schwere Lage diente dazu, jene verborgenen Kräfte vertrauenden Vorwärtsschreitens und unbeugsamer Energie zu e[illegible]alten, die so charakteristisch für den Mann wurden.

Vier Jahre dauerte dieser Kampf gegen Armut und anfällige Gesundheit. Die frühere schwere Erkrankung in Hinghwa hatte ihre Spuren hinterlassen. Doch gab es so viel, was dem jungen Studenten wertvoller war als äußeres Wohlergehen. Er fand in Dr. Rollin Walker, Professor der Theologie, einen warmen Freund. Große gegenseitige Wertschätzung und Liebe verband die beiden. Sung Siong-ceh sah zu dem älteren Mann wie zu einem Vater auf, ja nannte ihn ‚seinen amerikanischen Vater'. Die Vorlesungen dieses Mannes waren ein großer Gewinn für Sung. Auch die übrigen Lehrer nahmen ein starkes Interesse an diesem vielversprechenden Studenten aus China. Freilich, der eigenwillige und sehr unabhängige junge Mann bereitete ihnen auch allerhand Sorgen.

Wohnung und Kleidung waren ihm allzu nebensächlich. Finanzielle Abhängigkeit auch in der feinsten Form verabscheute er. Lieber sich durchhungern oder über die Kräfte arbeiten! Jede Arbeit war ihm willkommen: Fußböden scheuern, Teppiche klopfen, Geschirr reinigen, Gras schneiden. Sein Glaube an Gott und seine Abhängigkeit vom Gebet wurden auf harte Proben gestellt; aber nie wurde er von Gott enttäuscht.

Bei all dem blieb das Studium die Hauptaufgabe. Ganz war er dabei! Seine Lehrer sprachen von seiner ‚einzigartigen und außergewöhnlichen Begabung'. In Chemie zeigte er eine hervorragende Tüchtigkeit. Zunächst hatte Sung gleichzeitig ein medizinisches und ein theologisches Vorstudium belegt. Bald jedoch erkannte er, daß beides nicht möglich war. Was sollte er wählen? Chemie und das Verlangen nach einer Professur in diesem Fach – wie könnte er gerade dadurch seinem Lande helfen! – faszinierten ihn. So wurden Mathematik und Chemie sein Hauptfach. Der Wunsch – oder war es Gottes Ruf gewesen? – in seinem Lande ein Verkünder der Frohbotschaft von Jesus Christus zu werden, versank. Ehrgeiz, die rücksichtslos treibende Macht, hatte ihn gepackt. Andere brauchten vier Jahre, ihren akademischen Grad zu erwerben. Er würde das in drei Jahren schaffen! Aber sein Studienberater meinte, bei seinem schlechten Englisch sollte er eher mit fünf statt den üblichen vier Jahren rechnen. Jedoch am Ende des ersten Jahres stand Sung an der Spitze seiner Klasse, das Ziel schien nicht mehr ganz unerreichbar. Sung fiel durch seine wundervolle Kraft der Konzentration und seine glänzende Begabung auf. Lehrer und Studenten schätzten das junge Genie aus China. Und – was mehr ist – sie alle liebten ihn.

Das Jahr 1921 brachte Amerika eine Finanzkrise. Die Zahl der Arbeitslosen stieg. Es war nun doppelt schwer für Sung, eine Arbeit zu finden. Die Sorge ums tägliche Brot lastete hart auf ihm. Zu allem kam nun auch sein älterer

Bruder nach Amerika. Auch für ihn mußte Arbeit gefunden werden. Es schien, als seien Sungs Reserven erschöpft. Am unteren Teil der Wirbelsäule entwickelte sich ein Geschwür, starkes Fieber trat auf. Ein chirurgischer Eingriff war unumgänglich. Um Sung wurde es dunkel. Wie sollte er die Kosten aufbringen? Doch seine Freunde überzeugten ihn schließlich, er unterzog sich der Operation. Die Güte der pflegenden Schwester, Besuche aus der Gemeinde, zu der er sich hielt, das gute Gelingen der Operation waren helle Lichter auf dem dunklen Weg. Ganz und gar durchlichtet vom Glanz der Liebe Gottes wurden diese Wochen jedoch, als zwei amerikanische Christen die ganze Hospitalrechnung bezahlten, Brüder über die Unterschiede der Rasse hinweg. Sung schämte sich seiner Befürchtungen. Sein Herz war voll demütigen Danks.

Der junge Chinese hatte alle Segel seines Lebens gesetzt. Doch die See war rauh, die Winde widrig. Schmerzen und Armut verursachten zuzeiten lastende Schwermut. Er war ein Fremder. War nirgendwo ein wenig Heimat? Er fand sie in der Gemeinde. Man sah Siong-ceh regelmäßig in der Kirche. Er war auch gerne bereit, bei Evangelisationen mitzuhelfen, wenn man ihn darum bat. Er warb Mitarbeiter und bildete – wie einst in China – nun unter den Studenten Amerikas kleine Gruppen, die miteinander auszogen zur Volksmission, natürlich in erster Linie während der Semesterferien. Dabei fielen Sung wertvolle Freundschaften zu. Einladungen in verschiedene Familien bedeuteten ein Stück Weisung für sein späteres Leben. Es scheint, als sei ihm hier erst der Reichtum christlichen Familienlebens bewußt geworden. In seiner Seele erwachte der Wunsch, in seinem zerrissenen Vaterland viele solcher Familien zu sehen. Und da er nie bei Eindrücken halt machte, gelobte er sich selbst, daß es eines Tages seine Aufgabe sein sollte, unter den Christen Chinas christliches Familienleben zu fördern.

Thanksgiving Day (Erntedankfest) 1922 kam. Sung feierte diesen schönen amerikanischen Feiertag im Hause eines Freundes. In der Nacht, die dem frohen Tag folgte, hatte er ein Erlebnis, einen Traum, der für ihn von tiefer Bedeutung war. Er befand sich in Hinghwa und stand wieder auf der Bergeshöhe, die er so liebte. Sein Blick ging voll Entzücken über das Land hin. Plötzlich vernimmt sein Ohr einen Schrei. Tief beugt er sich hinab und erkennt unten im rauschenden Fluß einen Menschen, der mit den Wogen kämpft. So schnell er vermag, eilt er den Hügel hinab, den Ertrinkenden zu retten. Doch die Strömung reißt ihn mit, ist mächtiger als sein Wille zu helfen. Nirgends eine Rettung! Da wird ein Kreuz in den Strom gesenkt. Fest stellt er sich darauf und begibt sich an das Werk der Rettung. Nicht nur *einen* Menschen entreißt er den strudelnden Wassern, sondern mehr, immer mehr, er vermag sie nicht mehr zu zählen. – Die Szene wechselt. Eine jubelnde Schar füllt weite Räume, und er selbst steht unter ihnen. Es muß der Vorhof himmlischer Herrlichkeit sein. Dankbar ergreifen singende Menschen seine Hände und miteinander preisen sie Gott.

Für Sung wurde dieser Traum ein Gleichnis seines Lebens. Er erwähnte ihn öfters, wenn er von Gottes Wegen in seinem Leben sprach. Dies wurde ihm maßgebend: Im Kreuzestod Jesu allein liegt die Rettung des Einzelnen und der Welt begründet. Jüngerschaft beginnt und endet immer wieder an diesem Ort des Gerichts, der bergenden Vergebung und des Siegs.

Das letzte Semester vor dem Examen bedeutete Anspannung aller Kräfte. Alle seine Gedanken konzentrierten sich auf die bevorstehende Prüfung. Jede mögliche Minute wurde mit Studieren gefüllt. Bibel? Gebet? Er hatte keine Zeit mehr. Diese Dinge rückten langsam, aber unaufhaltsam an die Peripherie seines Lebens. Sein Umgang mit Gott schrumpfte auf das knappste Existenzminimum zusammen. Das machte sich bald bemerkbar. Ungeduld, große Reizbarkeit und sein angeborener Hochmut gewannen die Oberhand. Sein Bruder bekam das aus erster Hand zu spüren, lebte er doch viel mit ihm zusammen. Gott stand nicht länger in der Mitte seines Lebens. Wem war er da noch verantwortlich? Die Maßstäbe verschoben sich. Im Betrieb, in dem er noch immer arbeitete, trug er mehr Stunden ein, als er tatsächlich geleistet hatte. Er mußte ja die Zeit fürs Studium herausschlagen! Und – was ihn später ebenso quälte – er verfiel der unter seinen Kommilitonen üblichen Praxis des Mogelns in einer der Examensarbeiten. Diese Verirrungen blieben in Sungs Gedächtnis als schmerzende Narben haften.

In den folgenden Prüfungen zeigte sich, daß Sung eine außergewöhnliche Leistung vollbracht hatte. Er erwarb den Bachelor-Grad mit höchster Auszeichnung. Mit nur drei anderen stand er an der Spitze von dreihundert Kandidaten. Der junge Chinese mit der schwarzen Haarsträhne in der Stirn war kein fremder ‚irgendwer' mehr, als er in der Aula der Universität stand, ausgezeichnet mit der Goldmedaille und belohnt mit einem Preis in guten amerikanischen Dollars, die ihm seine Leistungen in Physik und Chemie eingetragen hatten. Und – Zeichen höchster Ehre – Sung Siong-ceh wurde zur Phi-Betta-Kappa-Fraternity * gewählt, nachdem er am 13. Juni cum laude bestanden hatte. Es war ein Erfolg, wie ihn selbst Sung sich nicht hatte träumen lassen. Reporter bemächtigten sich der Sache. Zum ersten Male hatte ein chinesischer Student solche Auszeichnung erlangt. In wenig mehr als drei Jahren hatte er ein Ziel erreicht, das sonst vier Jahre beanspruchte. Sungs Foto mit hinreißenden Berichten über seine wagende und

* Einige Hochschulen und Universitäten der USA wählen auserlesene Gelehrte zu Mitgliedern der Phi-Beta-Kappa-Verbindung, einer exclusiven Vereinigung der ersten Gelehrten des Landes. Zeichen der Mitgliedschaft ist ein goldener Schlüssel.

entschlossene Lebensart erschien in Zeitungen, Illustrierten und Magazinen. Der Mann, der etliche Jahre zuvor heimatlos durch San Franziskos Straßen irrte, war über Nacht berühmt geworden. Bis hinüber nach Europa drang sein Ruhm. Auch dort brachten nicht wenig Zeitungen Berichte über den vielversprechenden chinesischen Wissenschaftler.

Sung Siong-ceh B. A.* wurde umworben. Wo war sein Weg? So viele Stimmen umschwirrten ihn. Die Universität Minnesota bot ihm für sofort einen gut bezahlten Posten als Demonstrator und Assistent für Chemie an. Ein zweites Angebot war noch verlockender: Tausend Dollar wurden ihm angeboten, falls er bereit wäre, an der Harward-Universität Medizin zu studieren. Eine weitere Universität offerierte ein freies Theologiestudium. Tief im Innern spürte Sung ein leises Mahnen. Ob es Gottes Stimme war? Der gefeierte Mann konnte es nicht mehr unterscheiden. In der strahlenden Gegenwart hatte der Ruhm, der ihm zugefallen war, seinen Wunsch für solche Dinge verdunkelt. Die stille Anhöhe in Hinghwa und alles, was damit zusammenhing, verblaßte ob dem Gleißen der Ehrungen. John setzte seinen Fuß fest auf die Stufen, die zum Ruhm führen sollten, als er sich entschloß, ein Stipendium der Ohio State-Universität anzunehmen, das es ihm ermöglichte, den ‚Master of Science‘ zu erwerben.

Die Stürme schwiegen. Die See schien spiegelglatt. Aber tief im Herzen war die alte Ruhelosigkeit erwacht. Steuerlos trieb er auf wogender See. Seinem Leben fehlte die klare Richtung. Die wachsende, innere Unrast zeigte sich in Perioden tiefer Schwermut.

* B.A. = Bachelor of Arts, akademischer Grad in Nordamerika.

DER BERÜHMTESTE STUDENT OHIOS

Nicht weit von Chicago liegt der liebliche Geneva-See. Dort fand im Sommer 1923 eine große Studentenkonferenz statt. Aus allen Teilen Amerikas waren sie gekommen. Auch Sung mit einigen Gliedern der studentischen Volksmissionsgruppe nahm daran teil. Dringend suchte er eine Wegweisung in der Fülle seiner Probleme.

Die Tage eilten dahin mit einem guten, vielgestaltigen Programm. Die Vorträge waren interessant, doch sie berührten nicht sein Innerstes, und die hitzigen Diskussionen in den Gruppen waren nicht dazu angetan, den brennenden Durst seiner Seele zu stillen. So wanderte ein einsamer Mann durch die fröhliche Menge der Teilnehmer. Sung suchte ein paar Christen, die mit ihm beten konnten. Er fand sie auch. Um was sie beteten? Ihr Anliegen war, daß Gott dem Manne, der am Beginn einer großen akademischen Laufbahn stand, sein Licht in Herz und Gedanken geben möchte. Und diesem wurde unter der Fürbitte der Freunde klar, was ihm fehlte: der stille Umgang mit dem lebendigen Gott. Der Kontakt war unterbrochen. So war aus Nachfolge Stillstand geworden.

John Sung konnte die vielen redenden und diskutierenden Menschen nicht mehr ertragen. Er wanderte hinaus ins Land. Der frische Morgenwind bewegte den See, die aufgehende Sonne spannte eine goldene Brücke darüber. Sungs Gedanken gingen zum See Genezareth. Daß der lebendige Herr ihm doch so begegnen könnte wie einst den Jüngern! Mit dieser Bitte öffnete er seine Bibel und las den Bericht, der erzählt, wie Jesus 5000 Menschen speiste. Wieder und wieder las er das Kapitel; das erkaltete Herz wurde neu belebt. Der Herr Christus zeigte dem einsamen Leser die Menschheit in all ihrer Unrast und Bedürftigkeit. Er zeigte ihm die Tragik der hilflosen Verkünder des Evangeliums, deren Hände leer waren. Dann aber zeigte ihm der heilige Geist, was Gott selbst mit dem Wenigen zu tun vermochte, das ein Kind ganz in seine Hände legte. Alles – und sei es noch so wenig – ganz in seine Hände gegeben, das ist es allein, was der Herr bedarf, um hungrige Menschen durch die Seinen satt zu machen. Und er, der die Welt aus nichts schuf, vermag damit der Not dieser Welt zu begegnen. Doch wo sind die Kinder, die Christen, die alles bedingungslos in seine Hände legen? Mit überzeugender Kraft stand neben dem Bericht von der wunderbaren Speisung vor dem Leser das Wort aus Römer 12, 1: »Bringet eure Leiber als lebendiges, heiliges, Gott wohlgefälliges Opfer dar.« Fünf Brote, zwei Fischlein! Aber Jesus bediente sich ihrer, und es war genug für alle.

In seiner Freude an konkreter Auslegung, die für chinesische Christen immer so bezeichnend ist, sah Sung in den fünf Broten unsere fünf Sinne und in den zwei Fischlein die beiden Ohren, Augen, Hände und Füße. Alles soll Gott bereitstehen, daß er sich unseres Lebens bediene zu seiner Stunde und an seinem Ort. Der aber, der Herr ist über alle Kräfte der Natur, wird ein solches ihm hingegebenes Leben wunderbar umwandeln. Nicht so, daß er daraus das Modell eines Idealmenschen macht, aber doch so, daß er es gebraucht, um dem Verlangen nach dem lebendigen Gott in dieser Welt eine Antwort zu geben. Diese Erkenntnis war genug für Sung. Eine mächtige Freude sprang in ihm auf. Gott war ihm begegnet, nicht in den Konferenzveranstaltungen, wohl aber am See.

Etliche Tage später stand Sung wieder in der lärmenden Fabrik. Er mußte während der Semesterferien noch etwas Geld zum Lebensunterhalt verdienen. Doch schon standen Armut und Krankheit von neuem an seiner Tür. Er fieberte, es wollte nicht besser werden. Der Arzt stellte eine beginnende Tuberkulose fest und verordnete Ruhe, Stärkungsmittel, frische Luft – für Sung ein unerschwinglicher Luxus. Ohne Lohn verdingte er sich auf einer Farm und mußte nach drei Wochen aufhören, da die Arbeit zu anstrengend war. Wieder war Geschirr-reinigen seine letzte Zuflucht. Doch sich vom Eigentümer des Hotels wie ein Kuli behandeln zu lassen, war unerträglich. Sein ganzes nationales Empfinden bäumte sich auf. Er ging. – Auf weiten Rasenflächen wuchs üppig das Gras. Es fiel wie eine Last von ihm. Hier war sein Platz! Von morgens bis abends schwang er die Sense. Und zum rhythmischen Schwung sang er sein Lied: »Herr Jesus Christ, Leben du bist. Mein Herz still ruht in dir.« Eine merkwürdige Kur; doch Gott segnete sie. Die Schwermut floh; die ersten Anzeichen der Tuberkulose wichen. Gesund und mit hohen Erwartungen begann er sein Semester an einer neuen Universität.

Ohio State-Universität war nun Sungs alma mater. Eine weltweite Studentenschaft ging hier aus und ein. Zehntausend Studenten repräsentierten dreizehn verschiedene Länder. Das war etwas nach Sungs Herzen! Er war bald in führender Mitarbeit bei studentischen Veranstaltungen. Vor allem der internationalen Studentenvereinigung nahm er sich an und brachte sie neu zur Geltung. Er wurde zu ihrem Präsidenten gewählt. Weiter gab es an der Universität eine internationale Friedensliga. Verständigung unter den Völkern und Rassen! Sungs Eifer war entflammt. Das mußte gefördert werden. Er veranstaltete Konzerte, deren Ertrag der schwindenden Kasse der Liga aufhalf. Er gründete einen Dinner-Klub, der es möglich machte, daß jeder Angehörige der in der Vereinigung vertretenen Nationen eine Kostprobe seines Nationalgerichts bekommen konnte. Vielleicht lachen wir. Sung verband jedoch eine bedeutsame Absicht damit; denn eines der Ziele der Liga war, die Rassenschranke zu durchbrechen und praktisch an einer Gleichberechtigung von Weißen und Farbigen zu arbeiten. An den Universitäten vor allem sollten keine Rassenunterschiede gelten. Deshalb fanden große Banketts statt, bei denen schwarze, weiße und gelbe Studenten nebeneinander saßen.

Auch das Programm des sozialen Aufbaus zog Sung mächtig an. Bessere soziale Verhältnisse würden auch in China eine bessere, neue Welt schaffen. Ein soziales Evangelium suchte die Heilung der notleidenden Welt, losgelöst von Jesus Christus, der Gott und Mensch zugleich war. Dem Heiland der Welt war lediglich die Rolle eines erhabenen Vorbilds zugeteilt. Der Mensch stand im Mittelpunkt des sozialen Evangeliums. Er schuf die neue Welt durch bessere soziale Ordnungen. Dieser Gedankengang begeisterte Sung, er war so einleuchtend. Das Kreuz als Zeichen der Versöhnung zwischen Gott und dem gefallenen Menschen verlor seinen Sinn. Es wurde Symbol des Opfers. Ohne daß es Sung bewußt wurde, erlag er dem Einfluß der liberalen Theologie, die an der Ohio State-Universität gelehrt wurde. Alle freien Kräfte widmete er sozialen Aufgaben. Doch für Menschen, die frei werden wollten von der Macht der Sünde, hatte er keine lösende Botschaft mehr.

Wieder erschien Sung Siong-cehs Name in der Presse; der Ruhm der Friedensliga drang zu anderen Universitäten. Ähnliche Vereinigungen entstanden dort. Und der Führer dieser Bewegung war Sung. Sein Name stand diesmal unter der groß aufgemachen Überschrift: ‚Der berühmteste Student Ohios.' Dies galt dem Philantropen.

Aber der Wissenschaftler in ihm drängte gleichzeitig vorwärts nach neuen Erkenntnissen und neuen akademischen Ehren. Innnerhalb der vorgeschriebenen Zeit erwarb er im Juni 1924 seinen ‚Master of Science'. Zum drittenmal erschien sein Name als erster auf der Liste erfolgreicher Kandidaten. Er wurde mit Medaille und goldenem Schlüssel der Gesellschaft für Wissenschaft ausgezeichnet. Als der lächelnde Orientale mit der charakteristischen schwarzen Haarlocke in der Stirn, geschmückt mit einer Reihe goldener Auszeichnungen, nach Verleihung des akademischen Grads aus der Aula trat, erregte er allgemeines Aufsehen.

Sungs Energie konzentrierte sich nun hauptsächlich auf Chemie, vor allem die der Sprengstoffe. Auf diesem Gebiet hoffte er, seinem Lande einmal dienen zu können. Sein Ziel war, seinen naturwissenschaftlichen Doktor (Ph. D.) zu machen. Eine Riesenaufgabe, denn er mußte dazu sowohl deutsche als französische Sprachkenntnisse haben. Die deutsche Sprache war ihm fremd, während er französisch schon studiert hatte. Er lernte Deutsch während der Semesterferien. Nach zwei Monaten hatte er genügend Kenntnisse erworben, um ein deutsches Chemiebuch dem Sinne nach zu verstehen. Als er sich zur bestimmten Zeit zum Examen meldete, mußte er einen dicken Band über Chemie aus dem Deutschen ins Englische übertragen. Dies geschah so rasch und gut, daß der Examinator annahm, Sung habe schon jahrelang Deutsch studiert.

Sung war eine populäre Persönlichkeit, zumal er in keiner Weise zum Einspänner neigte. Es gab kein fröhliches Picknick und keine gesellige Veranstaltung ohne ihn. Verheißungsvoll und freundlich war das Heute. Die chinesische Regierung war auf den glänzenden Anwärter eines Lehrstuhls aufmerksam geworden und bewilligte eine Studienhilfe. Außerdem bekleidete Sung das Amt eines Hilfslektors (praktischer Lehrer an Hochschulen). Mangel bedrückte ihn nicht mehr.

Bis tief in die Nacht hinein brannte das Licht im Laboratorium. Sung saß noch über chemischen Lösungen und Reagenzgläsern. Ein paar kurze Stunden Schlaf genügten; mit der Morgendämmerung erhob sich der junge Forscher wieder von seinem Lager. Im März 1926 erwarb er den Doktorgrad nach verhältnismäßig kurzer Zeit des Studiums. Inmitten einer erlesenen Gesellschaft wurde Sung der neue akademische Grad übertragen. Aber der Mann, der so gefeiert und mit Glückwünschen überschüttet wurde, fragte sich in der Stille, so erzählte er später, ob all dies Lob berechtigt wäre. Wieviel Zeit, die seinen Studien gehören sollte, hatte er doch einer bunten Reihe geselliger und religiöser Tätigkeiten gewidmet!

Aufgaben riefen. Angebote traten an ihn heran. Vor Dr. Sung lag eine glänzende Laufbahn voller Möglichkeiten. Zunächst blieb er im Lehrkörper der Ohio-Universität. Neben diesem Auftrag arbeitete er mit an den Vorbereitungen zu einem wichtigen neuen Werk über Chemie. Etwas später forderte ihn die amerikanische Regierung auf zu einem Studium der Gesetze für chemische Fabriken. Dann meldete sich das Ausland. Ein glänzendes Angebot kam aus Deutschland und beinahe zur selben Zeit die dringende Bitte aus Peking, die Professur für physiologische Chemie an der medizinischen Fakultät in Peking anzunehmen.

Soviel lag nun in Dr. Sungs Bereich. Welches aber war *sein* Ort und Auftrag? Peking? Sein Herz zog ihn dorthin. Dennoch lehnte er ab. Er glaubte, noch nicht genügend Kenntnisse für den verantwortungsvollen Posten zu besitzen. Nachdenklich saß er vor seinem Schreibtisch. Das Licht hatte er gelöscht, denn der Anblick der Anfragen und seiner halbfertigen Zu- oder Absagen irritierte ihn. Nur das Silberlicht des Mondes glitt sachte über das Bett, den Fußboden, nahm die Sinne des Mannes gefangen und führte ihn in sein Heimatland. Er wollte sich alles noch einmal reiflich überlegen. Wieder wog er ab. Und war schließlich nahe daran, den Antrag aus Deutschland anzunehmen. Da drang mit einemmal durch das Gewirr ein Wort: »Was hülfe es dem Menschen, wenn er die ganze Welt gewönne und nähme doch Schaden an seiner Seele.« Gott redete. Dr. Sung nahm das Wort ernst. Es wies seinem Leben die Richtung.

Die warnende Stimme ging mit ihm in den Schlaf. Am nächsten Morgen besuchte ihn Mr. Fowler, Repräsentant der Wesley-Stiftung an der Ohio State-Universität. Im Verlauf des Gesprächs machte er plötzlich die Bemerkung:

»Sie sehen gar nicht aus wie ein Wissenschaftler, sondern viel eher wie ein Pastor.«

Ob Gott in eine ganz neue Linie führen wollte? Das Erlebnis der Nacht stand lebendig im Gedächtnis. Sung erzählte es Dr. Fowler, und nun kam auch wieder die ursprüngliche Absicht zutage, die ihn nach Amerika geführt hatte. Als Dr. Fowler sich verabschiedete, hatte Sung nach kurzem Zögern eingewilligt, am Union Theological Seminar in New York noch einen theologischen Kursus zu absolvieren. New York – die Aussicht beglückte ihn. Er würde neben dem Theologiestudium Vorlesungen an der berühmten Columbia-Universität hören. Sicher, in New York mußte zu finden sein, was ihn befriedigen würde. Dazu enthob ihn das großzügige Stipendium, das ihm das Union Theological Seminar neben freier Kost und Wohnung anbot, der Sorge um den Lebensunterhalt.

Dr. Sung beabsichtigte wohl kaum, Pfarrer zu werden, als er diesen Schritt tat. Zwar ließ ihm das Wort, das sein inneres Ohr in jener Nacht so deutlich vernommen hatte, keine Ruhe. Und doch – Chemie war seine Leidenschaft! Nicht nur das, damit konnte er auch seinem Volk nach seiner Meinung am besten dienen. So ist es sehr wohl möglich, daß Sung seinen Freunden zuliebe dies Stipendium für ein Jahr auf sich nahm. Vielleicht empfand er außerdem eine unklare Verpflichtung dazu. Sehr wahrscheinlich hatte er vor, nach diesem Jahr unter der Begründung, daß er für den geistlichen Beruf ungeeignet sei, zur wissenschaftlichen Laufbahn zurückzukehren. Gewiß ist, daß sein umgetriebener Sinn sich an kein festes Ziel binden wollte, sondern voll dunklen Drangs umherirrte. So weit war er von Gott weggewandert, so voller Fragen und Zweifel war das Herz, daß Dr. Sung trotz aller früheren Erlebnisse meinte, ausgestoßen zu sein aus Gottes Vaterhaus. Er schien verlassen zu sein in einer wirren Welt. Gott aber wartete auf seine Heimkehr. Noch immer war er Kind.

Nie hörte das Strömen der Wasser auf, die brausend über die Felsen stürzten. Bild unerschöpflicher Fülle! Dies also waren die Niagara-Fälle, gigantisch, ehrfurchtgebietend! Dr. Sungs tiefstes Begehren brach wieder hervor, als er das prachtvolle Schauspiel in sich aufnahm. »Herr«, betete er, »laß durch mich hindurch in nimmer endendem Strom lebendiges Wasser zu durstigen Menschen fließen.« Er war auf dem Weg nach New York.

Die Welt der Wolkenkratzer nahm Dr. Sung im Herbst 1926 für ein Jahr auf. Mehr! schien ihr Motto zu lauten. Mehr! Das kleine Wörtlein schien auch die treibende Kraft in Dr. Sungs Leben zu sein. Er hatte vor, statt des drei Jahre beanspruchenden Studiums einen Sonderkursus zu machen, welcher innerhalb eines Jahres das gleiche Ziel erreichte. Natürlich mußte entsprechend intensiver gearbeitet werden.

Die Leitung des Seminars lag in den Händen von Dr. H. S. Coffin. Weithin bekannte Männer wie Dr. van Dusen und der berühmte Dr. H. E. Fosdick hielten Vorlesungen. Jedermann wußte außerdem, daß das Seminar eine liberale Einstellung hatte.

Aber wie nur, so fragten Lehrer und Studenten, war der Gelehrte am Anfang einer großen Laufbahn auf die Idee gekommen, Theologie zu studieren? Es erschien absurd. Doch Sung erklärte gelassen, daß er, nachdem er viel Weisheit der Welt erworben hatte, nun mehr erfahren wollte von der Weisheit, die allein von Gott stammt. Allerdings entdeckte Sung sehr bald, daß die göttliche Weisheit, nach der er verlangte, am Seminar durch eine feingeistige Philosophie ersetzt wurde. Es blieb hier ein Suchen, ein Begehren; denn Jesus, der ins Fleisch gekommene Gottessohn, in welchem allein die Gottesweisheit für uns Gesicht und Gestalt gewann, wurde an diesem Seminar nicht gelehrt. Jesus war Mensch, Ideal, dem man nachstrebte, nicht mehr. Das Gebet hatte lediglich subjektiven Wert, Bekehrung war ein psychologisch leicht erfaßbares Phänomen.

Dr. Sung, mit solchen Gedankengängen schon vertraut, eignete sie sich völlig an. Das Licht des Verstandes – es war doch auch ein Licht. Er erwarb sich gute Kenntnisse. Der praktische Dienst in einer Kinderklasse wurde mit Hingabe getan. Singen, spielen, zeichnen – Dr. Sung konnte alles. Völlig hingerissen aber lauschten die New Yorker Kinder, wenn Dr. Sung biblische Geschichten erzählte. Diesem selbst kam es zunächst gar nicht ins Bewußtsein, daß er trotz allem verlor, dauernd verlor. Längst lächelte Sung mitleidig über den einen oder andern bibelgläubigen New Yorker Pfarrer, wenn sie hin und wieder ins Seminar kamen. Wie rückständig, in einer vorwärtsdrängenden Welt die Bibel zur Richtschnur zu machen!

Dennoch, Dr. Sung betete. Er mochte die liebgewordene Form nicht missen. Doch sein Gebet war kein Hören mehr auf das, was Gott zu sagen hatte. Das Licht, das lange seinen Weg erhellt hatte, erlosch. Christentum – nun ja, eine Lehre wie andere auch. Höchste Weisheit war darin nicht zu finden. Sein Vertrauen war bis in die Fundamente erschüttert. Waren die Lehren des Ostens nicht von viel faszinierenderem Glanz? Und war nicht seine eigene Mutter Buddhistin gewesen bis kurz vor seiner Geburt?

Dr. Sung durchsuchte die Bibliothek des Seminars nach den Schätzen des Ostens. In vielstimmigem Chor tönte es ihm aus den buddhistischen Schriften in immer neuen Variationen entgegen: »Voller Leid ist das Leben. Des Leidens Ursache aber ist der Lebensdurst. Lösche aus deinen Lebensdurst, dann wirst du die Erleuchtung erlangen, das Nirwana, wo es kein Leid mehr gibt, weil es keinen Durst mehr gibt.« Lösche aus deinen Durst – er würde es versuchen. Seine Hände griffen nach einer weiteren Schrift: Lao-tse. Dr. Sungs zermarterte Sinne verweilten gerne bei dem Weg der Reinheit und Ruhe, den der große Weise empfahl. Dies Ziel schien erreichbar, dieser Weg mußte Frieden bringen. Seine Kommilitonen mußten wissen um diesen hinreißenden Weg der Erleuchtung! Deshalb schrieb Dr. Sung einen Aufsatz über die Philosophien östlicher Religionen und deren »Weg zum Leben« und trug ihn den Studenten des Seminars vor. Geheimnis, äußerste Konzentration, Erleuchtung – magnetisch zogen ihn diese Gewalten in ihren Bann. War dies das Licht unvergänglicher Weisheit? Sung Siong-ceh, Doktor der Naturwissenschaft und Student der Theologie, murmelte in der Stille seines Zimmers eintönig und zugleich voll hingebender Glut buddhistische Texte. Entzückt glitt sein Auge über die Verse des Tao-te-king. Dies war Ruhe! Alle Theologie des Union-Seminars war nichts dagegen. Und während man ihn bei theologischen Studien wähnte, schrieb er die Manuskripte zu verschiedenen Schriften über den Wert der Religionen.

Doch sein Herz blieb leer dabei. Sah Sung zurück auf die Jahre wissenschaftlichen Forschens, denen Monate des Suchens in der Welt der Religionen gefolgt waren, so mußte er feststellen, daß weder Wissenschaft noch Religion Trost oder Freude zu bieten vermochten.

In seiner Suche nach Klarheit machte er die Runde bei theosophischen und anderen Kulten, die New York in großer Zahl anbietet. Vergebens, die Welt schien eine weite Öde zu sein, allenthalben leer, das Leben nichts als Wirrsal und Angst. »Mein Herz«, schrieb er später, »wanderte in der Finsternis. Ich konnte weder essen noch schlafen. Mein Glaube war wie ein leckes, sturmgepeitschtes Schiff ohne Kapitän und ohne Kompaß. Ich war tief unglücklich.«

Doch da war Yü-mei, die junge Studentin. Sie konnte ihn trösten. Freundschaft reifte zur Liebe. Bei dieser Entdeckung erwachte Dr. Sung jäh. Im fernen Hinghwa wartete eine junge Chinesin auf seine Heimkehr. Gemäß alter chinesischer Sitte hatten die Eltern sie für ihn gewählt, und kurz vor seiner Abreise waren sie miteinander verlobt worden. Er mußte die Beziehungen zu Yü-mei abbrechen. Jener anderen, zu der ihn nichts zog, war er verpflichtet. Das Leben war unerträglich hart.

Doch das tiefste Dunkel ist schon Vorbote des neuen Tags. Beinahe gegen seinen Willen hatte Dr. Sung kurz vor Weihnachten einige seiner Kommilitonen zu einer Evangelisationsversammlung begleitet. Trotz der scheltenden Kameraden ging Dr. Sung auch am folgenden Abend zur Kreuz-Kirche. »Selbst ich stolzer Mann war tief gepackt«, gestand er später. Alles würde er drangeben, wenn Gott ihm solch vollmächtiges Gebet, solch kraftvolle Verkündigung schenken könnte. Um jeden Preis mußte er das Geheimnis dieser Kraft entdecken.

Christliche Lebensbilder waren also die neue Fährte, die Dr. Sung verfolgte. Er wollte das Geheimnis entdecken, das im Leben fruchtbarer Christen der Vergangenheit wirksam war. Dr. Sung war entschlossen, daran teilzuhaben. Er begann wieder zu beten in der Bereitschaft zu hören. Aus dem Beten wurde immer stärker ein Warten auf die Begegnung mit dem lebendigen Gott. Und dieser Gott neigte sich herab und bezeugte sich ihm. Am Neujahrsabend 1927 brach Gottes Wort in all sein Reflektieren hinein und machte es mit unwiderlegbarer Kraft zunichte. So lautete dies Wort: »Ich will die Weisheit der Weisen zuschanden machen und den Verstand der Verständigen als Torheit abtun« (1. Kor. 1, 19). Dr. Sung zitterte vor Furcht, als er dies Wort auf sich bezog. Er schaute die Leere weltlicher Klugheit und menschlicher Fähigkeit, und was er sah, raubte ihm in jener Nacht den Schlaf. Alle seine Auszeichnungen hatten nicht vermocht, ihn auf dem Weg zu Gott, dem Urgrund aller Weisheit, auch nur einen Schritt weiter zu führen.

Während der Ferien nahm Dr. Sung mit anderen an einer Zusammenkunft für Studenten des Seminars teil. Pfarrer St. Kennedy, ein namhafter Feldkaplan des ersten Weltkriegs, war der Redner. Scharf gingen die Meinungen auseinander, als die Studenten nach ihrer Rückkehr vor der gesamten Studentenschaft berichteten und diskutierten. Vor allem ein Professor der Lehrer-Akademie griff Dr. Kennedys Verkündigung vom Kreuz an. Blick und Geste verliehen seiner Ablehnung starken Nachdruck. Tiefes Schweigen herrschte, als er geendet hatte. Dann erhob sich Dr. Sung, Entschlossenheit in den Zügen. Mit tiefer Bewegung zeugte er vor den anwesenden Professoren und Studenten von dem, was Jesu Kreuzestod ihm bedeutete. Auch andere hatten wie er empfunden, aber Furcht hielt sie auf ihren Plätzen fest. Sich hier zu Jesus zu bekennen? Man hätte als unwissenschaftlich gegolten. So hatten sie mit schlechtem Gewissen geschwiegen. Es blieb dem chinesischen Christen überlassen, ein strahlendes und tapferes Bekenntnis abzulegen. Es war zugleich Sungs Gelegenheit, seinen Protest gegen alle inneren Angriffe auf seinen Glauben zu bekunden.

Noch immer aber war es intellektuelle Überzeugung. Sein Inneres blieb unberührt davon, und sein ganzes Wesen krankte an diesem Zwiespalt. Der tiefe Schmerz um die verlorene Freundschaft Yü-meis bohrte weiter, sein seelisches Gleichgewicht war beeinträchtigt durch den zermürbenden Kampf. Dr. Sung hatte die Anlage zum Genie und war zugleich ein Mann großer Gemütsintensität. Die so Veranlagten wandern oft im Grenzgebiet der Neurose. In »mein Zeugnis« schrieb er: »Die drückende Last meiner Seele wurde von Tag zu Tag quälender, bis ich am 18. Februar soweit gekommen war, daß ich nicht mehr leben wollte.« Das Dasein schien so völlig ohne Sinn. Einem einzigen nur wagte er seine Not anzuvertrauen. Er schrieb seinem alten Lehrer von der Ohio Wesleyan-Universität, Dr. R. Walker. Dieser war über einen der Briefe tief bestürzt und äußerte sich folgendermaßen dazu: »Im Union-Seminar hatte Sung mit fieberhaftem Eifer studiert und versucht, die Arbeit von dreien zu leisten. Im Lauf dieses Jahres schrieb er mir einen Brief, der mir als das zusammenhanglose Erzeugnis eines überreizten Gehirns auffiel. Ich legte ihn deshalb einem Brief an Dr.Coffin bei.« Letzterer handelte nicht sofort, beobachtete aber Dr. Sung unauffällig und sorgsam.

Sung wiederum zog sich sehr viel in sein Zimmer zurück. Er wollte eine Zeitlang alles beiseite legen und um dies eine beten: um Gottes Geist in Kraft und Fülle. Ohne diese Ausrüstung wußte er sich unfähig zu predigen trotz aller natürlichen Begabung. So verging Tag um Tag, bis an dem Februarabend Gottes Licht machtvoll über ihm aufging. Schmerzhaft klar sah Dr. Sung alle Sünde seines Lebens vor sich, es gab kein Entrinnen. Er versuchte, sie zu erklären, abzuschütteln, zu vergessen. Unmöglich! In seinen Büchern suchte er nach einem Wort der Rettung. Da lagen sie um ihn herum: Nachschriften seiner Vorlesungen, buddhistische und taoistische Schriften, liberal-theologische Werke. Sie wußten keine eindeutige Antwort auf die Frage, wie denn ein Mensch Gottes gerechtem Gericht entrinnen könne. Sung überlegte: gab es kein anderes Werk mehr, das er nachschlagen konnte? Ach ja, sein Neues Testament! Das hatte er allerdings schon sehr lange nicht mehr benützt. Nun wühlte er in seinem Schrank danach. Zum erstenmal seit Monaten las er darin. Er vertiefte sich in den Bericht, den der Arzt Lukas von der Kreuzigung Jesu aufgezeichnet hat. Je länger er las, desto lebendiger wurde der Text. Gottes Geist sprach ihm das Wort für seine persönliche Not zu. So lebendig war der Anblick des Herrn, der für seine Sünde starb, daß ihm war, er selbst stünde dort unterm Kreuz von Golgatha mit der demütigen Bitte an den Heiland der Welt, von aller Sünde gereinigt zu werden durch sein Blut. In großer Erschütterung betete Sung lange. Dann nahm er dankend Jesu Zusage für sich in Anspruch: »Sohn, deine Sünden sind dir vergeben.« Ihm war, als fiele spürbar die ganze Last seiner Sünde von seinen Schultern. Er war frei! Immer leidenschaftlich und immer fürs Ganze konnte Sung dies Glück nicht in sich verschließen. Ein lautes ‚Halleluja' schallte plötzlich durch die Flure in den mitternächtlichen Schlaf der Studenten! Er hatte völlig vergessen, daß die Nacht weit vorgerückt war. Ärgerlich drehten sich gestörte Schläfer zur andern Seite. »Nun ist er ganz verrückt geworden«, murmelten einige.

Dr. Sungs Leben konnte nach dieser Nacht nicht mehr dasselbe sein. Es war ihm gewiß: Gott hatte seine Sünde vergeben und durch den heiligen Geist Wohnung in seinem Herzen genommen. Das sollte auch in einem neuen Namen zum Ausdruck kommen. Von nun an nannte sich Dr. Sung am liebsten John Sung, denn gleich dem Täufer Johannes wollte er ein Rufer in der Wüste werden. John Sung wußte nun, daß Gott ihn rief, Wegbereiter des wiederkommenden Herrn zu sein.

Der zergrübelte Student, an dessen düstere Miene man sich gewöhnt hatte, erschien am nächsten Morgen als ein verwandelter Mann. Freude lag auf seinem Gesicht und eine hinreißende Gewißheit. Dr. John Sung ließ keinen im unklaren über deren Grund! Sobald die internationale Vereinigung zusammenkam, deren Mitglied er auch in New York war, erbat er fünf Minuten Redezeit. Man erwartete einen seiner geistvollen Einfälle, er aber bezeugte die Befreiung, die Jesus Christus ihm geschenkt hatte.

Ob Sung in Gefahr war, auch hier sich in eigenwilliger Weise zu betätigen? Auf jeden Fall hatte er nicht lange nach seiner einschneidenden Wende einen seltsamen Traum. Vor ihm stand ein Sarg, und als er genau zusah, lag er selbst darin, angetan mit Talar und Barett des Gelehrten, sein Diplom in den Händen. Und er vernahm eine Stimme: »John Sung ist tot, tot für die Welt.« Da begann der Leichnam sich zu regen; er wollte sich erheben, um ihn war ein Weinen – waren es Gottes Engel? – bis er rief: »Weint nicht! Ich bin willig, der Welt und mir zu sterben!« Während der Jahre, die in dieser Welt zu leben ihm noch geschenkt waren, wurde deutlich, wie ernst es ihm damit war. Stark berührte ihn ein weiteres nicht alltägliches Ereignis in derselben Woche. Ein ihm völlig Unbekannter beschenkte ihn mit einem Globus. Er sah hinter der Begebenheit Gott, der ihn rief, das Evangelium in weite Gebiete der Erde zu tragen.

Das Leben hatte seinen Sinn wiedergewonnen. Gott wollte sich seiner bedienen. Helfer durfte er sein im großen Plan der Liebe Gottes. Wie? Indem er mit seinem ganzen Sein Gott lebte. Und wie es einst geheißen hatte: weg mit den Götzen, so hieß es nun: weg mit einer liberalen Theologie! Dr. Sung war kein Verächter biblischer Theologie, aber seine liberal-theologischen Lehrbücher verbrannte er alle. Mit einem Hunger ohnegleichen las er nichts anderes als seine lange vernachlässigte Bibel. Gottes Wort, er wollte es ganz in sich aufnehmen. Durch die langen Flure des Seminars konnte man Dr. Sung auf und ab wandeln sehen, wenn er Bibelverse memorierte. Ein anderer Mann! Gottes Geist füllte alle leeren Räume. Das Leben schien neu zu beginnen.

KEINE RESERVEN, KEIN BEDAUERN, KEIN RÜCKZUG

»Patient Nr. X vom Saal für tätliche Irre wird vermißt. Muß sofort gesucht und zurückgebracht werden. Dringend!«

Diese Botschaft eilte von der psychiatrischen Klinik White Plains, New York, zur Polizeistation. Ein mit Polizeihunden ausgerüsteter Suchtrupp wurde sofort ausgesandt. Und

Patient Nr. X wurde nach kurzer Zeit in seinem Versteck, einem Gerstenfeld, gefunden.

So kam es, daß sich John Sung aufs neue in der schrecklichen Atmosphäre eines Saales für gefährliche und streitende Tobsüchtige befand. Er hatte die seelische Qual eines Lebens in dieser Umgebung einfach nicht mehr ertragen und war entflohen. Und nun verstimmte ihn der Mißerfolg seiner Flucht so tief, daß er finster brütend unter den lärmenden Geisteskranken saß. Schwarze Gedanken raunten ihm zu, seinem Leben ein Ende zu machen. Selbst durch sie drang Gottes mahnende Stimme. Wie konnte er eine solche Sünde beabsichtigen?

»Aber Herr«, entgegnete er, »ich wollte dir dienen aus lauter Dank. Statt dessen finde ich mich hier, eingeschlossen an einem Ort, der auch nicht eine Minute Stille kennt! Welchen Sinn hat es, weiterzuleben?«

»Nimm diese Prüfung an«, war die Antwort. »Denen, die Gott lieben, müssen alle Dinge zum Besten dienen. In diesen Monaten wirst du eine Lektion lernen, die du in deinem Leben brauchst.« – »Welche, Herr?«

»Du wirst lernen, was es heißt, das Kreuz zu tragen, und den Weg des Kreuzes in schlichtem Gehorsam zu gehen.«

Doktor Sung sah die harte Probe in neuem Licht, und nun schien ihn die Liebe seines Herrn und ihre Herrlichkeit zu umgeben. Sie verwandelte sein Gefängnis in einen Übungsplatz für zukünftigen Dienst.

Wie war John Sung in die psychiatrische Klinik gekommen? Die Depressionen der vergangenen Monate hatten nach der beglückenden inneren Wandlung einer rückhaltlosen Überschwenglichkeit Raum gegeben. Dies schien den Verdacht seiner Lehrer zu bestätigen, daß Dr. Sung nach dem intensiven Studium der vergangenen Jahre und den starken seelischen Erschütterungen von einer Schizophrenie bedroht war. Dr. Coffin nahm daher den Vorschlag von Johns altem Freund und Lehrer auf und führte eine Unterredung mit einem Psychotherapeuten herbei. Dieser empfahl dringend den Aufenthalt in einem Sanatorium, damit Sung die Gelegenheit völliger Ruhe habe. Nach anfänglichem Protest willigte letzterer schließlich ein: »Es ist ganz in Ordnung mit meinem Kopfe! Die Ursache war die Verwirrung meines Herzens; doch sie ist nun zurecht gebracht.«

Dr. Sung bezog zunächst die Abteilung für Nervenkranke im Bloomingdale-Hospital. Man sagte ihm, daß sein Aufenthalt etwa sechs Wochen dauern werde. Er war es zufrieden; er war tatsächlich sehr müde. Nun genoß er Stille und gute Verpflegung. Ungestört konnte er seine Bibel studieren. Wären nur die wiederholten Untersuchungen nicht gewesen! Sie waren ihm ebenso ärgerlich wie die strenge Überwachung seiner Korrespondenz. Jedoch, er nahm das auf sich und verwandte die Zeit dazu, seine Bibel und einige der Patienten kennenzulernen. Schließlich würden sechs Wochen rasch vorübergehen!

Als sie um waren, bat er um seine Entlassung. Doch zu seiner großen Enttäuschung wurde die Bitte zurückgewiesen. John Sung war empört. Man hatte ihn hintergangen, seiner Freiheit beraubt, betrogen! Zornig unterhandelte er mit dem Arzt, sein heftiges Temperament brach durch. Und der Arzt gewann die Überzeugung, daß dieser Patient tatsächlich unzurechnungsfähig sei. Er ließ ihn auf die Abteilung für gewalttätige Patienten verlegen.

Eine Woche nach seinem Fluchtversuch jedoch hatte Dr. Sung ein vernünftiges und gutes Gespräch mit dem Arzt, in dessen Verlauf er die Gründe seines Temperamentsausbruchs und seiner Flucht klarlegen konnte. Das Gespräch überzeugte den Arzt. John kam in seine frühere Abteilung zurück, auf der Ruhe und Frieden herrschte. Draußen füllten Nachrichten von Flutkatastrophen und steigenden Reispreisen die Zeitung. In der Abgeschlossenheit des Sanatoriums aber hielt ihn Gott den ganzen Frühling hindurch und während der heißen Sommermonate frei von aller Sorge um das tägliche Brot und gab ihm unbeschwerte und klare Sinne für ein konzentriertes Bibelstudium. Vierzigmal las Sung in jener Zeit seine Bibel von Anfang bis Ende durch. Jedesmal geschah es unter einem neuen Gesichtspunkt. Je mehr er las, desto lieber gewann er sie. Es war, als gebe Gott ihm zu jedem der 1189 Kapitel einen Schlüssel des Verständnisses. Eingehende Wortstudien führten zu tieferer Erkenntnis. Sung bekam ein Auge für göttliche Linien und Maßstäbe. Bibelschule nur mit der Bibel! Sie erwies ihre dynamische Kraft in seinem ganzen späteren Dienst.

Notizbücher füllten sich, sorgfältige, in englisch geschriebene Bibelstudien. Doch als Sung entdeckte, daß das Krankenhauspersonal in diesen Nachschriften herumspionierte, machte er alle Eintragungen in chinesischer Schrift. Gottes Geist war sein Lehrmeister beim Lesen des Wortes, hin und wieder auch in Träumen. Gott redet ja zu jedem Menschen in der ihm verständlichen Sprache, und John Sung hatte als Mensch des Ostens eine viel stärkere Empfänglichkeit für Träume und Visionen als wir Westländer. Doch alles, was er erlebte, stand unter der Herrschaft von Gottes Wort.

Die psychiatrische Klinik wurde also Dr. Sungs wirkliche Hochschule. Dort lernte er die tiefen Wahrheiten in Gottes Wort erkennen und schätzen, dort auch lehrte ihn Gott die schwere Lektion, ja zu sagen zu Gottes Willen – ganz und ohne geheime Reserven. »Er nahm mich in seine Erziehung, damit ich sein williger Jünger würde. Er nahm mein sehr eigenwilliges und ungutes Temperament von mir.« Nach einiger Zeit durfte John seinen Freunden schreiben. Dr. Walker war unter ihnen. Letzterer schildert seine Briefe nach diesem Läuterungsprozeß als »klare, demütige Briefe, aus denen der Sinn Christi spricht, gänzlich frei von jeder Spur des Ungesunden«. Gewiß haben wir rückblickend allen Grund, anzunehmen, daß die Zuflucht zu einem Psychotherapeuten, durch Sungs düstere Art veranlaßt, entschuldbar ist. Es ist jedoch ebenso klar, daß seine Heilung durch eine göttliche Befreiung herbeigeführt wurde und nicht der psychiatrischen Klinik zu verdanken war. Als Sünde bekannt und vergeben war und Gottes Geist von Sungs ganzem Sein Besitz ergreifen durfte, bestand keine Notwendigkeit mehr für den Dienst des Psychotherapeuten.

Doch Gott hatte es zugelassen, daß John Sung sechs Monate in jener Abgeschiedenheit lebte, um ihn Wahrheiten zu lehren, die er auf keiner theologischen Schule gelernt hätte. Dr. John Sung pflegte den 30. August 1927, den Tag seiner Entlassung aus der Klinik, als den Tag zu bezeichnen, an welchem sein himmlischer Meister selbst ihm einen Grad verlieh, der alle seine akademischen Grade in den Schatten stellte.

Sowohl der chinesische Konsul als auch Dr. Walker hatten sich um Dr. Sungs Entlassung bemüht. Letzterer übernahm die Garantie für ihn. Und unter der Bedingung, daß er die USA verlassen und nach China zurückkehren sollte, wurde John Sung entlassen.

Was das Union Theological Seminar betrifft, so hatte Sung selbst die Beziehungen gelöst, als er seine liberaltheologischen Bücher kurzerhand verbrannte und den Vorlesungen fernblieb. Das Seminar hatte längst Dr. Sungs Namen aus der Liste seiner Studenten gestrichen. Es legte keinerlei Wert auf seine Beziehungen zu dem ‚Wesley Chinas'. Sagte doch einer seiner Professoren: »Das Union-Seminar hat nichts mit John Sung zu tun.«

Noch einmal verbrachte John Sung vier Wochen in Delaware, dieses Mal als persönlicher Gast von Dr. Walker. Sungs Gedanken aber waren nun in China. Er betete täglich um Wegweisung für die unbekannte Zukunft und suchte herauszufinden, was Gottes Plan für sein Leben sei.

An einem goldenen Herbsttag, dem 4. Oktober 1927, nahm Dr. Sung Abschied von Amerika und schiffte sich ein nach Shanghai. Als ein Mann, der außerordentliche wissenschaftliche Kenntnisse erworben hatte, kehrte er zurück.

Jede Universität Chinas würde seine Dienste auf seinem Fachgebiet, der Chemie, begrüßen. Doch Sung brachte mehr. Er hatte wirklich gelebt, war schweren Forderungen und Erfahrungen nicht ausgewichen, sondern hielt stand, bis Gott ihm darin begegnete. In harter Arbeit der Seele hatte er unter bitteren Schmerzen Gott so kennengelernt, daß es ihm gewiß war, er mußte dieses Wissen seinem Volke mitteilen. Gott hatte mit Sung geredet, und es bestand für ihn auch nicht der Schatten eines Zweifels, daß Gott ihn gerufen hatte, die frohe Botschaft von Jesus Christus in China zu verkünden, ja, vielleicht auch über die Grenzen hinaus.

»Löset die Anker, wickelt die Taue!« Ein anderer hatte diese Worte einst vernommen, und sie waren entscheidend geworden für sein Leben. »Löset die Anker!« – Manches Jüngerleben kommt deshalb nicht zur Entfaltung, weil keine Lösung vollzogen wird. John Sung dachte an Bord des Dampfers viel über seine Erfahrungen nach. Der Traum von den ertrinkenden Menschen fiel ihm ein und was Gott ihm gezeigt hatte im Wunder der Speisung der Fünftausend. Auch jenen dritten Traum, in dem er gelobt hatte: »Ich will tot sein für die Welt und mein Ich«, rief er sich ins Gedächtnis. Und plötzlich kam der Gedanke an die Diplome, die Goldmedaillen, die ehrenden goldenen Schlüssel. Sollte er nicht doch lieber –? Die goldenen Schlüssel waren mehr als eine Ehrung. Jeder Chinese setzt große Hoffnungen und seinen ganzen Stolz in solche Beweise erworbener Gelehrsamkeit. Und John war keine Ausnahme. Er wußte wohl, daß die Schlüssel für sein künftiges Leben das Zauberwort waren, das jede Tür öffnen würde zu einer ebenso glänzenden wie lohnenden Laufbahn. Und weiter, schuldete er nicht seiner Familie auch etwas? Könnte er Gott nicht auch in der Sphäre dienen, zu der ihn seine Ausbildung befähigte und berechtigte? Ja, könnte nicht das Katheder eines Professors der Chemie eine viel wirkungsvollere und weitreichendere Kanzel sein als jene, auf der sein Vater als einfacher Pfarrer gestanden hatte? Welch einen Einfluß könnte er ausüben!

Hin und her tobte der Kampf, während der Dampfer stetig Kurs zur Heimat nahm. Sich selbst hatte er Gott hingegeben. War das nicht genug? Gott konnte doch gewiß die ihm hingegebenen Talente und Auszeichnungen benützen, ohne noch mehr zu verlangen! Doch Dr. Sung sah mit der Klarheit, welche ein steter Gebetsumgang mit Gott gibt, die Gefahr seiner Lage. Er sah die feinen Versuchungen voraus, die ihn erwarteten: die bedrängenden Wünsche seiner Familie und die Schmeicheleien seiner Freunde. Und er dachte an die Worte des Apostels: »Was mir Gewinn war, das habe ich alles für Schaden geachtet um Christi willen.« Wie Paulus war er bereit, der Welt und all ihrem Ruhm ein für allemal zu entsagen. Er würde die Brücken hinter sich verbrennen.

Schon färbten die lößführenden Fluten des Jangtse das Meer gelb. Bald würde der Dampfer anlegen. Da ging Dr. John Sung festen Schrittes in seine Kabine, nahm seine Diplome, die Medaillen und die goldenen Schlüssel und warf sie ins Meer. Einzig sein Doktordiplom behielt er für seinen Vater zurück. Es erhielt später im Hause der Eltern einen Ehrenplatz. Ein amerikanischer Besucher sah es 1938 dort hängen. Dr. Sung folgte dem Blick seines Gastes und sagte: »Solche Dinge sind wertlos, sie bedeuten mir nichts.« Eine Passion durchglühte ihn: Christus, gekreuzigt und wieder lebendig geworden.

»Es bedarf großer Entsagungen, sollen große, christliche Charaktere werden« – dieser Ausspruch trifft auch zu für John Sung. Eines der Geheimnisse seines selten fruchtbaren Dienstes ist es wohl, daß es in seinem Leben einen Tag gab, an dem er bewußt und ganz all dem entsagte, was der Welt kostbar ist.

II

EIN BRENNEND UND SCHEINEND LICHT

Wandern in die Weite, Ersteigen einer Höhe beginnt immer mit dem Nächstliegenden.
Steht die Richtform für eine erste Linie fest, dann entfalten sich alle Dinge.

Hua Yü-Lu 1

NACHFOLGE

Am Flußufer standen die Frauen von Hinghwa. Auf flachen Steinen, die aus dem Wasser herausragten, rieben sie die schmutzige Wäsche, schlugen sie im Wasser aus und warfen sie dann zufrieden in die Bambuskörbe.

»John Sung ist wieder da«, bemerkte eine der Wäscherinnen und richtete sich von ihrer knienden Stellung auf.

»Professor soll er sein«, kam's aus dem zahnlosen Mund von ‚großer Schwägerin' Pen.

»Ein wenig seltsam muß er geworden sein.« So ging die Rede hin und her. »Still! Da kommt er!«

Im grobgesponnenen, blauen Baumwollgewand wie sie alle ging John Sung vorüber. Er war nun wieder daheim, und es war gut so. Das wußte der schweigsame Mann. Und doch war die Einsamkeit des Fremdlings um ihn her. Er war ein anderer geworden, und auch sein Lebensweg würde anders verlaufen, als sie alle dachten.

Dies Anderssein war die Anfechtung. Gleich der erste Abend zeigte es deutlich. »Ju-un«, hatte der Vater gesagt und den vertrauten Namen der Heimat gebraucht, »nun du deinen Doktor hast, hoffe ich, daß du bald einen Lehrauftrag für Chemie annehmen wirst.«

Er sprach damit die Hoffnung der großen Familie aus. Ihrer aller Blicke hingen erwartungsfroh an ihm. Das war es, was er gefürchtet hatte. Aber John hatte seine Entscheidung getroffen. Dennoch – es war bitter. Ehrerbietig verneigte er sich vor dem Vater und sagte dann: »Vater, ich kann nie einen Lehrstuhl einnehmen, denn ich stellte Gott mein Leben für die Verkündigung des Evangeliums zur Verfügung.« Sie verstanden nur mühsam, was ihn bewegte. Erst nachdem die Eltern den Sohn einige Monate hindurch beobachtet hatten, gaben sie ihre Zustimmung zu seinen Plänen. Sie war ihm zeitlebens wichtig.

Wenige Tage später gab die Methodist-High-School einen großen Empfang für den ausgezeichneten früheren Schüler. Höfliche Verbeugungen, das Rascheln von Atlas und Seide und dann gespannte Stille. John Sung begann zu reden. Sie erwarteten einen Bericht über Amerika. Statt dessen sprach eine von Entschlossenheit getragene Stimme über die Speisung der Fünftausend und über das, was dies Wunder in der Gegenwart zu sagen habe. Merkwürdig. Sie tuschelten hinter den Fächern. Fremd stand der Mann unter ihnen.

Fremd war ihm auch das dunkeläugige Mädchen, mit dem er nun die Ehe einging. Er kannte sie nicht. Die Sippen hatten nach altem Brauch die Ehe schon lange beschlossen. Da half kein Sträuben. Bedrückt fügte sich John ins Unvermeidliche. Gab es denn eine Brücke zu dieser explosiven Frau? Reizte ihre Art nicht vielmehr nur die latente Ungeduld seines Wesens zu vollem Ausbruch?

Oft stieg John mit der Last seiner Ehe den stillen Hügel hinan. Kam er zurück, schien der reizbare Mann verwandelt. Er war gütiger, verstehender. Welche Kraft war da am Werke? Frau Sung ging den Spuren nach. Und wie einst der Sohn hinter dem Vater her den schmalen Pfad hinaufwanderte, so erlebte die junge Frau nun mit ihrem Manne das Geheimnis der Beter. Daran gesundete die bedrohte Ehe.

Kurz nach der Hochzeit muß es gewesen sein, daß Glanz und Ehre noch einmal um John Sung warben. Ein mächtiger Kriegsherr der Mandschurei hatte von Dr. Sungs Rückkehr nach China gehört und bot ihm einen aussichtsreichen Posten in seinem Rüstungsarsenal in Mukden an. Es handelte sich dabei um die Herstellung von Sprenggeschossen. Das eben hatte Dr. Sung einst bewogen, Chemie und Physik zu studieren. Dennoch sagte er nein zu diesem Angebot. Er stand in der Nachfolge eines höheren Herrn. Dem wollte er angehören.

Wie das im einzelnen aussehen sollte, wußte John Sung noch nicht. Er sah nur nüchtern die Gegebenheiten und tat den nächsten Schritt: Im Frühjahr 1928 war er Evangelist im heimatlichen Distrikt. Den Packen mit Schriftteilen und Testamenten über die Schulter, die Bibel samt einer Rolle mit Bildern und kurzen Liedern in der Bambustasche, so wanderte er in die Dörfer zur Straßenpredigt; oft waren die Strohsandalen, die er trug, zerrissen von weiten Märschen. Er achtete das gering; Hauptsache war, Heiden und Christen hörten die Botschaft vom Leben, »das nicht stirbt«.

Chinesische Christen waren in jener Zeit von der Frage bedrängt, ob sie die zeremonielle Verbeugung vor dem Bilde Sun Yat-sens, des ersten Präsidenten der Republik, mitmachen könnten. Sie wurde in Schulen und Ämtern bei den verschiedensten öffentlichen Anlässen gefordert. Aber, so fragten die Christen, war dieser Akt wesensmäßig Religion, oder sollte man die Erklärung der Regierung hinnehmen, daß es sich in keiner Weise um religiöse Verehrung handle? Die Meinungen gingen auseinander. Viele suchten nach einem Kompromiß. Dr. Sung aber – und nicht nur er – bezeichnete diesen Akt als Götzendienst.

Die nationale Partei wurde mißtrauisch. »Ein gefährlicher Mann, er muß auf jeden Fall verschwinden.« Das war Befehl des Politbüros. Man veranstaltete eine weitgespannte Hetze gegen ihn. Doch Gott hatte bestimmt, daß dieser Mann sein Zeuge sein sollte durch alle Provinzen Chinas. Alle Anschläge, Dr. Sung aus dem Wege zu räumen, schlugen fehl. Noch stand er in der Stunde öffentlichen Wirkens.

Ja, Gott benützte die Verfolger, um dem Manne, der ihm gehorchen wollte und doch immer in Gefahr war, aus seinen eigenen starken Impulsen heraus zu handeln, die nächste Wegstrecke zu zeigen. Er war nämlich in der Folge für längere Zeit genötigt, die großen Städte zu meiden und in den weit zerstreuten Dörfern und Märkten unterzutauchen. Rasch erkannte John Sung die führende Hand über seinem Leben. Es war Gottes Stunde für die Landarbeit. Man mußte sie nützen.

John Sung blieb nicht einsam. Gott gab ihm Gefährten der Arbeit. Etwa drei Jahre hindurch arbeitete er mit den Evangelisten einer chinesischen Mission. Sie hatte ihren Sitz in Shanghai und wurde durch ganz China unter dem Namen ‚Bethel-Mission' bekannt. Diese Gemeinschaft war eine notwendige Ergänzung und Stärkung für John. Die Zeit in den Jahren 1928/29 war von außen gesehen ja höchst ungünstig, sowohl zum Predigen als zum Christwerden. Das Riesenreich glich einem sturmgepeitschten Meer. Sun Yat-sen war im März 1925 gestorben. Chiang Kai-shek begann seinen Weg durch eine Wirrnis von Bürgerkriegen, stets bedroht durch den japanischen Nachbarn. Kommunistische Truppen machten ihren Einfluß geltend. Die antichristliche Bewegung war in manchen Distrikten so stark, daß Kapellen niedergerissen wurden. Jesu Jünger zu sein, bedeutete Schmach und Schande.

Sollte man deshalb stillschweigen? Dr. Sung und seine Gefährten waren anderer Meinung. Sie reisten wie zuvor im Distrikt und aßen und nächtigten in einem der primitiven Gasthäuser am Wege. Gleich den Sänftenträgern und Landarbeitern, die hier Rast hielten, nahmen sie zum gedämpften Reis nur das scharfgewürzte Salzgemüse als Zukost. Arbeitsreich war ihr Tag gewesen. Nun hüllte die Nacht den Marktflecken in ihren dunklen Mantel. Des Tages Lärm verebbte. Den zarten, weißen Blütensternen der Mandarinenbäume entströmte berauschender Wohlgeruch. Ein voller Mond stieg langsam höher. Mütter deuteten etwa einmal hinauf und zeigten ihren Kleinen den ‚Mondhasen'. Buddha, der Allerbarmende, so sagt die Legende, hatte dem tugendhaften Hasen einst diesen Platz angewiesen zum Lohn für sein Mitleiden allem Lebenden gegenüber. Behutsam schoben sie dann den hölzernen Riegel vor die Tür. In den Bergen hausten die Räuber.

Im Teeladen aber saßen die Männer. Dort war auch die Theaterbühne für die beliebten wandernden Spielgruppen.

War kein Spiel angesetzt, stellte man sie gerne Dr. Sung zur Verfügung. Einer der Evangelisten spielte die Ziehharmonika. Immer neue Menschen lockte sie herbei. Sie drängten sich im Raum. Und auf der Wanderbühne des heidnischen Dorfes erzählte John Sung die Botschaft von Jesus Christus.

Seine Art zu reden war dramatisch. Niemand dachte an Schlaf. Chinas Apostel fand das Herz seines Volkes, in der Stadt und auf dem Lande. Sein Dienst wurde aus dem Quell gespeist, der Menschenaugen verborgen bleibt: John Sung führte ein Gebetsleben und gab sein Leben in einem vollen Einsatz, so wie es war, echt und ganz.

Bis in die entlegensten Gegenden seiner Heimatprovinz reiste und wanderte Dr. Sung. Dabei offenbarte sich ihm eine tiefe Not: Er fand allzuviel erkaltete Kirchen, stumme Namenchristen, halbherzige Mitläufer. Und plötzlich sah er eine weitere Aufgabe, die seiner wartete. Oder sollte es *die* Aufgabe seines Lebens sein? Er mußte die Schlafenden wecken, daß sie sich dem Leben stellten als solche, die freigemacht waren zum Dienst!

John merkte rasch, daß ein solcher Dienst nicht getan werden kann ohne geheimes Leiden der Seele. Er erfuhr auch, daß ein einzelner sich daran zerreibt. Darum lag ihm alles daran, daß im Mitarbeiterkreis auch zwischen den Veranstaltungen gebetet wurde.

Aus solchem Beten kam neue Klarheit über das, was zu tun sei. Gott hatte ein verheißungsvolles Fragen und Erwachen geschenkt. Das durfte nicht durch die Anforderungen des Daseins lahmgelegt werden, sondern sollte erneuernd hineinwirken in die Familien, in den Alltag. Laienchristen erkannten plötzlich die Wichtigkeit dieser Aufgabe und nahmen sich die Zeit zum Besuch von Bibelklassen und kurzfristigen Bibelschulen. Dr. Sung wollte sie aus eingefahrenen Geleisen herausholen. Deshalb beschritt er den bisher ungewohnten Weg der ‚theologischen Wanderschule'.

Da gab es biblische Unterweisung und praktischen Dienst nebeneinander. Und man mußte lernen, sich nach den Gelegenheiten zu richten. In den heißen Sommertagen zum Beispiel, als die Reisernte geborgen werden mußte, standen Dr. Sung und seine Studenten den langen Tag hindurch Schulter an Schulter mit den Bauern auf den Feldern, und am Abend war die Kapelle gefüllt, und die Zuhörer waren hellwach!

Dr. Sung mußte weiterziehen. Junge Christen blieben zurück. John überlegte. Welch ein Halt waren ihm in Amerika christliche Familien gewesen! Sie sollten auch in China viel stärker Kern der Gemeinde werden! Dazu mußten sie ihre Kräfte aus Gottes Wort ziehen. Hausandachten, diese praktische Seelsorge der Familie aneinander, waren nötig. Und John gab in seinen Kursen Anleitung dazu. Man merkte das später in den Familien und in den Dorfgemeinschaften.

Doch die Müdigkeit drohte ihn selbst zu verschlingen. Ein todmüder Wanderer, kam er in der Passionswoche 1930 nach Hinghwa zurück. Er war zur Höhe hinaufgewandert. Aber sein düsteres Auge sah nicht die Fülle der Azaleen, die im Schutze windzerzauster Kiefern blühten. In samtenem Purpur, strahlendem Gelb und zartem Lila glühten sie auf, sobald das Licht der Sonne darüber glitt. Tiefer im Tal stand der alte Kamelienbusch in der Glut seiner sattroten Blüten. Wie waren Stamm und Zweige gewachsen! Hinter John lagen nun schon zweieinhalb Jahre intensiver Reisearbeit in China. Ohne festes Gehalt tat er diesen Dienst, im Glauben an einen täglich gegenwärtigen Herrn. Doch nun hatte er zwei Kinder. Es war nicht leicht durchzukommen. John Sung grübelte. Und der Versucher trat zu ihm. Er flüsterte ihm ins Ohr, daß er ja zeit seines Lebens ein gutes Gehalt von der Regierung beziehen könnte, wenn er nur gewollt hätte! Welch eine Beruhigung wäre so eine feste Anstellung! Und weshalb, da er Gott allein vertraute, war sein Gehalt so gering? John Sung schlug seine Bibel auf und siehe, des Versuchers Stimme verlor ihre faszinierende Macht; er vernahm sie nicht mehr, denn betend sann er dem Wege des Kreuzes nach, den sein Herr gegangen war. Und es schien ihm, als spräche dieser Herr: »Willst du mir nicht bedingungslos gehorchen? Kannst du mir nicht alles übergeben? Ich weiß ja, was du bedarfst. Bedenke, daß die Schmach des Kreuzes und der Sieg der Auferstehung zusammengehören. Habe Geduld, ich führe dein Leben recht.«

Noch ein weiteres Jahr arbeitete John in der Heimat. Doch dann wurde das Reisen in dem Distrikt um Hinghwa durch starke Banden von Aufrührern unmöglich. Mord und Plünderungen waren an der Tagesordnung. Rebellierende Soldaten zogen durch die Provinz. Die Möglichkeit der Landevangelisation war vorüber. Für John gab es kein Zurück, noch weniger ein geruhsames Beharren. Er vernahm im Gang der Ereignisse Gottes Stimme: »Stehe auf, meine Stunde ist da. Verlasse, was dir lieb war, und gehe an den Ort, den ich dir zeigen will.«

John ahnte, daß dieser neue Schritt ihn oft lange von den Seinen trennen würde. »Doch ohne zu zögern«, schrieb er, »nahm ich Abschied und begab mich auf den Dampfer nach Shanghai. Ich wagte nicht zurückzuschauen, sondern stählte mich, Jesus auf dem Wege des Kreuzes nachzufolgen.«

NUR EINE STIMME

Zum ersten Male war Dr. Sung jenseits des großen Stromes nach Peking und noch weiter nördlich gereist. Er hatte auf der Rückreise in Shanghai, ‚der Stadt über dem Meer', vor Hunderten von Zuhörern gesprochen. Nun fuhr er inmitten der Unruhen des Bürgerkriegs flußaufwärts nach Nanchang in der Provinz Kiangsi. Noch standen Baum und

Erde ohne Schmuck, und die Klarheit ihrer wahren Gestalt lag an hellen Tagen über der weiten Landschaft. John liebte diese ruhige Klarheit. Er stand an der Reeling und las die dringende Einladung, die seinen Dienst in Nanchang erbat. Den Unterzeichneten, Missionar von Schubert, kannte er nicht. Noch weniger ahnte er, daß dieser und sein chinesischer Amtsbruder schon im Jahre 1930 angefangen hatten, um ein Lebendigwerden der Gemeinde zu beten. Ohne Erfolg. Die Bitte trat in den Hintergrund, bis Gott sie ihnen vor wenigen Wochen wieder dringend gemacht hatte. Täglich beteten sie nun mit großem Ernst um diese Sache, bis Mitte Februar Dr. Sung ankam!

Erweckungsversammlungen! Die Christen in Nanchang wunderten sich. Sie waren doch nicht etwa gemeint? Sie hatten das wohl kaum nötig. Höflich erschienen zwar während der ersten Woche 80–90 Menschen, doch sie blieben gleichgültig. Dasselbe geschah während der zweiten Woche, als Dr. Sung in der Schule sprach. Kein Echo und keinerlei Ermutigung.

Da prüfte John Sung sich selbst. Weshalb fand er manchenorts zwar mehr oder weniger willige Menschen, aber so wenig Entscheidung? Trug seine Verkündigung die Schuld? Die Frage ging schon seit Wochen mit ihm. Nun fand er die Antwort. Ja, das mußte es sein: Er ging zu sehr vom Menschen aus. Bis dahin hatte er sich's genügen lassen, den Hörern das zu geben, was ihrer Situation und ihrem Vermögen gemäß zu sein schien. Es sollte anders werden. Er war gerufen, Stimme in der Wildnis zu sein. Nur Stimme! Aber Stimme in Gottes Auftrag. Von Gott her mußte er also kommen; Dolmetscher seiner allumfassenden Liebe und seines Willens zu sein, das war sein Amt! So nur konnte es zu Wachstum und Reife in den Gemeinden kommen. Es sollte künftig sein großes Anliegen sein.

John war schon zu Bett gegangen, da hörte er durch die dünne Bretterdecke, daß in dem Raum über ihm gebetet wurde. Es war sein Gastgeber, der Gott bat, alles Welke, Verkümmerte in seiner Gemeinde wieder lebendig zu machen. John erhob sich von seinem Lager, auch er kniete nieder und betete: »Herr, wie steht es um mich? Möchte ich wirklich Erneuerung? Offenbare deine Macht! Brauche uns! Wir schauen auf dich.«

Als Antwort auf dies Gebet wurde es John deutlich, daß es zu seiner Aufgabe gehörte, die Schleier wegzuziehen, mit denen Menschen so gerne selbst ihre Sünden bedeckten. Die Schuld vergeben kann nur der lebendige Gott. Er aber mußte rufen und die Menschen aus aller erträumten Sicherheit wecken, mußte ohne Angst die Bollwerke der Sünde angreifen, damit Gottes Licht das Leben seiner Kinder neu erhellen konnte. »Macht im Gefilde eine ebene Bahn!« Das war jetzt Gottes Wort an ihn. Es war an der Zeit, die zerstörende Gewalt der Sünde aufzudecken und Jesus, den starken Befreier zu verkünden. Gottes Wort mußte in Menschenleben konkret werden, es durfte nicht unverbindlich daneben stehen. Dr. Sung hatte die Wegweisung empfangen, die er so lange gesucht hatte. Es war in der Nacht des 5. März 1931.

»Dies«, schrieb Dr. Sung einige Wochen danach, »sollte der Wendepunkt meines ganzen Dienstes werden. Meiner Arbeit fehlte bis dahin die letzte Richtung. Meine Reise nach Nanchang und der Aufenthalt dort brachte die Weisung, derer ich bedurfte. Und plötzlich lag über meiner Zukunft das Licht der Verheißung! Unser Herr sagt von sich selbst: ‚Des Menschen Sohn kam zu suchen und zu erretten, was verloren ist.' Sollte das nicht auch das erste Anliegen aller seiner Nachfolger werden? Zu viele christliche Arbeiter vergeuden ihre Zeit mit dem Reden über Bewegungen. Eine neue Bewegung folgt der andern, und wenn alles gesagt und getan ist, sind die Herzen so unlebendig wie zuvor, die Menschen bleiben in der Verlorenheit eines Lebens ohne Gott. Sie vergessen, daß Jesus in die

Welt kam, Sünder zu retten. Errettung der Sünder ist das einzige, was die Not wahrhaft zu wenden vermag.«

Niemand in Nanchang wußte von jener durchwachten Nacht im Missionshause. Doch in der dritten Woche geschah ein neues, waches Hören. Die verantwortlichen Männer der Gemeinde baten sogar um eine Verlängerung von Dr. Sungs Dienst. Die Zusage kam. John aber versammelte, ehe er weiterarbeitete, die kirchlichen Mitarbeiter sowie die Lehrer der Missionsschule zu täglicher Fürbitte. Merkwürdig war die erste Erhörung dieser Gebete. Die eigenen Herzen wurden unruhig. Hielten sie vielleicht den vollen Zustrom der Lebenskräfte Gottes auf? Wie konnten sie als Jünger des einen Herrn um jeden Preis immer mehr leisten wollen als der andere? Wie jahrelangen Haß festhalten? Waren nicht da und dort Dinge in ihrem Leben, von welchen niemand wissen durfte? Waren sie um unvergebener Schuld willen so arm, so kümmerlich in ihrem Christsein? Die Kanäle, durch die hindurch der Strom der Liebe Gottes in die Welt fließen sollte, waren verstopft mit Unrat. Das alles war Sünde, und als solche wurde sie erkannt, bekannt und unter Gottes Vergebung gebracht. Die miteinander im Streite gelegen hatten, söhnten sich aus; begangenes Unrecht wurde, wo nötig und möglich, auch vor Menschen in Ordnung gebracht.

Christen machten wieder ernst mit der Jüngerschaft. Nun erfuhren sie auch die beglückende Realität der heilenden, aufbauenden Kräfte, die Gott in sein Wort gelegt hat. Immer hatten sie gelesen: »Dazu ist erschienen der Sohn Gottes, daß er die Werke des Teufels zerstöre.« Jetzt aber faßten sie die Zusage glaubend und dankend für den Kampf, in den sie gerade gestellt waren. Der helle Glanz der Freude lag über der Gemeinde und lockte Außenstehende herbei. In großer Zahl meldeten sich Heiden zum Taufunterricht.

Christliche Zeitschriften brachten Berichte der verwandelten Kirche in Nanchang. Gott tat also noch heute solche

Wunder! Ermatteter Glaube, der vor lauter Bergen des Widerstands nicht mehr Gottes Macht gesehen hatte, wurde wieder lebendig. Zugleich kamen von weit entfernten Städten Bitten um das Kommen von Dr. Sung. Er war nie arbeitslos. Wichtig waren ihm dabei auch die Bitten um Rüstzeiten für chinesische und ausländische Missionsleute. Sie standen in großer Einsamkeit und wurden viel gefordert. Dr. Sung wurde ihnen ein Gottesbote, bei dem das Wort quellfrisch strömte und der sich im Auftrag seines Herrn tief hinabbeugte, Steine wegzuräumen, damit die Wasser des Lebens auch bei anderen wieder strömten.

»Nun ich wußte, daß Gott mir eine Botschaft anvertraut hatte, war ich bereit, an jeden Ort zu gehen«, schrieb Sung.

Doch auf das, was ihn auf einer sechs Monate beanspruchenden Reise im Norden Chinas erwartete, war er nicht vorbereitet. In der Provinz Shantung kam er zum erstenmal mit einer der Gruppen in Berührung, die in den Gemeinden Spaltungen und Verwirrung hervorriefen. Sie nannten sich ‚Bewegung der Geistesgaben'. Aktiv waren diese Leute. Erschüttert durch den offenbaren Mangel an Leben in so vielen Kirchen, bedrängt durch die Halbherzigkeit vieler Christen, hatten sie sich von der Kirche getrennt. Sie suchten die Geistesfülle in äußeren Erlebnissen, Zungenreden, Visionen und Heilung von aller Krankheit. Danach zu streben galt als Zeichen besonderer Reife. Sie sprachen aber kaum von Sünde und Erlösung. Eine der bedeutendsten Gruppen war die ‚Jesus-Familie'. Sie lebte in großen Gemeinschaften. Ihre Glieder hatten nach dem Vorbild der Apostelgeschichte alle Güter gemeinsam. Unter ihnen gab es daher weder reich noch arm. Sie waren ein hohes Vorbild der Opferbereitschaft. Doch riefen sie durch einseitige Betonung von Zungenreden und Krankenheilung nur durch Gebet in den Gemeinden Verwirrung hervor.

Als nun die Bethel-Evangelisten im Norden reisten, war die Frage sowohl von seiten der Kirche als auch der

Splittergruppen: »Wie steht ihr zu den Geistesgaben?« Dr. Sung war ratlos. Er sah so viel ernste Hingabe, er wollte helfen und wußte nicht wie. Was hieß erfüllt sein mit dem heiligen Geist? John Sung betete um Gottes Licht in dieser Frage, um tieferes Erkennen biblischer Wahrheiten. Aber noch ward ihm keine Klarheit. Mit seiner Gruppe reiste er weiter nach Tahsing.

»Als wir dort ankamen«, berichtete John, »war ich innerlich so verwirrt, daß ich nicht zu predigen wagte. Ich saß und hörte Andrew Gih zu. Die Tage vergingen. Dann – während mein Freund über die Begegnung Jesu mit der Samariterin predigte – sah ich plötzlich Licht! Erfüllt sein mit dem heiligen Geist bedeutet nichts anderes, als in solch lebendigem Kontakt mit Jesus stehen, daß der Quell göttlichen Lebens durch Herz und Sein der Glaubenden hin zu anderen zu strömen vermag, damit auch sie zum ewigen Leben gelangten. Ja, das war es! Viele durstige Christen und Nichtchristen erkennen nicht, daß sie trinken dürfen aus dem unerschöpflichen Quell, den Jesus erschließt. Statt dessen spannen sie alle ihre Kräfte an und schleppen ihre schweren Eimer zu weit entfernten Brunnen, deren Wasser langsam versickert, während das Gewicht der Eimer die Schultern der Träger niederzieht und schwerer und schwerer lastet.

Werden sie je Erquickung und Ruhe finden? Ist es nicht vielmehr so, daß sie, je mehr sie sich mühen, desto durstiger und leerer werden? Wasser aus stagnierenden Brunnen ziehen, schleppen, sich mühen – der endlose Kreislauf! Und dennoch leer und unfruchtbar; obwohl sie alles taten, was sie vermochten.

Warum, ihr Brüder und Schwestern, erkennt ihr nicht, daß da, wo wir willig werden, von Gottes Geist enthüllte Sünde nicht mehr festzuhalten, sondern ganz zu gehorchen, lebendiges Wasser einströmt? Tragt die Last eurer Sünden und eures inneren Unvermögens nicht weiter zu stehenden

Gewässern. Gottes Segnungen bestehen nicht darin, daß wir in Wundern, Visionen oder sonstigen Bestätigungen Befriedigung suchen, sondern darin, daß Gott uns zu leeren, gereinigten Kanälen macht, durch die sein Lebensgeist in nicht endender Fülle strömt und weiterströmt zu vertrockneten und durstigen Menschen ringsumher, so daß auch ihr Leben fruchtbar wird. Ein immer erneuter Strom lebendiger Kraft von Gott zum Menschen und von Mensch zu Mensch. So wird das ‚Loslassen', das Aufgeben der Selbstbestimmung, zum Geheimnis des Empfangens. Ein von Gottes Retterliebe eingegebenes Zeugnis ist der Weg, auf dem uns Gott immer wieder erfüllen kann mit seinem Geist.«

John Sung hatte endlich Antwort bekommen auf das Fragen nach der Fülle göttlichen Lebens. Er arbeitete mit vertiefter Freude und hat es immer wieder betont und erfahren, daß die aktive Hingabe unseres Willens an Gottes Willen, die willige Anerkennung seines Herrseins in unserem Leben zu Lebensfülle und Entfaltung aller Gaben führen. Er selber ging den erkannten Weg gehorsam Schritt um Schritt weiter.

Noch immer reisten die drei Evangelisten durch Shantung, Chinas ‚heilige Provinz'. Konfuzius, der große Weise, hatte dort einen Teil seines Lebens zugebracht. Durch braune Lößlandschaft, Chinas gute Erde, führte der Weg nach Tai-an. Nicht weit von der Stadt entfernt liegt das Grab des Konfuzius. Unmittelbar dahinter ragt der Tai-shan, ein wildes Felsgebirge, mit Zacken und Türmen ins klare Blau des Himmels. Aber oft hüllen Sandstürme diesen heiligsten der fünf heiligen Berge Chinas in ziehende Wolken feinen Sandes. Doch an klaren Tagen, so erzählen die Chinesen, soll man im Osten bis hinüber nach Japan sehen und im Westen bis zu den Quellen des Huangho, Chinas Schicksalsstrom. Hier oben stand einst Konfuzius und lehrte seine Jünger. Der Berg blieb ein berühmter Wallfahrtsort und die Provinz das Herzland Chinas.

Eine blühende Gemeinde hatte vor Jahren die Herrschaft Jesu in dieser Welt frommen Heidentums bezeugt. Nun war sie zerstört. Eine antichristliche Welle war über sie hingegangen, Kirchen waren teilweise niedergerissen worden.

Dies war die Situation, die Dr. Sung mit seinen Gefährten antraf. Dach und Lehmwände des Hauses, in dem sie wohnten, wiesen große Löcher auf. Ratten huschten durch das Dachgebälk des völlig ausgeplünderten Hauses. John ließ sich auf dem Kang nieder, dem im Norden gebräuchlichen Ziegelbett, das vom Küchenherd aus erwärmt werden konnte. Es war das einzige ‚Mobilar', das bekundete, daß hier eine Familie gelebt hatte. Noch während Dr. Sung dies Bild der Zerstörung in sich aufnahm, füllte sich der Raum mit Menschen. Schweigend, staunend betrachteten sie den unscheinbaren Gast mit der auch für China ungewöhnlich dunklen Hautfarbe. Diesen Christen zitterte ja noch das Herz, wenn sie an die Schrecken der Verfolgung dachten. Und da hatte nun einer eine mühevolle Reise auf sich genommen, um ihnen Bruder zu sein in all ihrer Armut und Angst. Welch ein Wunder der Gemeinschaft! Als sie das bedachten, hob ein Fragen an und dann ein gespanntes Hören. Gott hatte sie nicht vergessen! Ja, war nicht Jesus Christus selbst zu ihnen gekommen in Wort und Gestalt seines Boten? Und indem sie ihren Herrn neu erkannten, zerriß der Bann der Angst. Ihre Herzen wurden stark und froh. Die Verwandlung war offenkundig. »Wenn Jesus Christus das vermag, soll er auch unser Herr sein«, sagten mehr als einhundert der nichtchristlichen Dorfbewohner und meldeten sich zur Taufe.

Erntereif standen die Reisfelder, als Dr. Sung nach Shanghai fuhr. Schon waren die Schnitter an der Arbeit. Es war Sommer und die Zeit der großen Jahreskonferenz. Die siebenhundert Delegierten, von den Gemeinden der verschiedenen Provinzen entsandt, hatten zum Teil wochenlange und lebensgefährliche Reisen hinter sich. Sie erwarteten neue Zurüstung durch verschiedene Vorträge über das Thema: ‚Lebendig gemacht zum Dienst.'

Mit Nachdruck forderte die Konferenz eine systematische Evangelisation durch ganz China. Die Veranstalter ahnten, daß keine Zeit zu verlieren war. Wie aber konnte das gottgegebene Heute genützt werden, wenn die Christen halbherzig waren, betäubt vom Geist der Zeit? Deshalb tat es not, sich tiefer reinigen zu lassen, deshalb aber auch galt es, Gottes Geist so zu erbitten, daß Gebundene gelöst wurden. Dr. Sung redete trotz der großen Hitze mit der ihm eigenen Originalität und Dramatik. »Freunde«, rief seine rauhe Stimme, »seid ihr bereit für die Aufgabe? Sind eure Hände gereinigt, um Gottes Arbeit zu tun? Kennt ihr die Kraft des heiligen Geistes in eurem Leben? Bittet Gott darum! Seid bereit und betet. Streckt euch aus nach den Gaben und Zielen Gottes!«

Die Menschenmenge erhob sich und betete um die Erneuerung des eigenen Lebens, sie betete weiter für die christuslosen Millionen Chinas. Mit einer Ausnahme war jede der vierundzwanzig Provinzen Chinas vertreten. Als die Versammelten so in ernster Fürbitte standen, war es, als streckten sie wie einst Esther die Hände aus, um im Eintreten für ihr Volk das Zepter des Königs zu berühren. Und ehe sie auseinandergingen, erhob sich der eine und andere und bekannte seine Gleichgültigkeit gegenüber den christuslosen Menschen als Sünde.

Wie ein helles Licht ging es vor ihnen auf: Sie selbst, jeder einzelne Christ, berufen Helfer zu sein, daß Gottes großer Plan der Errettung hineingesagt, hineingelitten und hineingelebt werde in die Welt. Es lohnte, dafür da zu sein; es war Opfer und Verzicht wert. Und sie gingen, ein jeder an seinen Ort, Fackelträger der Hoffnung, die Gott selbst ihnen in wirrer Zeit geschenkt hatte.

DIE LETZTE GELEGENHEIT EINER PROVINZ

John Sung, dem Gott die Botschaft der umwandelnden Hoffnung anvertraut hatte, erprobte immer wieder selbst die Wirklichkeit der unsichtbaren Welt Gottes. So geschah es auf der Reise, die sich der Konferenz anschloß. Er berichtet selbst darüber: »Zwar war ich bereit, an jeden Ort zu gehen, aber Gott mußte mich erst eine neue Lektion des Gehorsams lehren, die jedem Christen gilt. Unauslöschlich prägte mir das folgende Erlebnis ein, daß ich mich mein Leben lang getrost in die Hand eines liebenden, allmächtigen und unveränderlichen Vaters legen darf, der keine Fehler macht. Ich hatte nichts zu tun, als in seinen Wegen zu wandeln, und er würde die Verantwortung übernehmen, mich durchzubringen. Selbst wenn sein Weg mich durch das Tal der Todesschatten führen sollte, so war nichts zu fürchten, solange mein Herr bei mir war.

Meine Frau hatte mit mir die Konferenz in Shanghai besucht. Nun wollte ich sie für die Zeit meines Aufenthalts in der Mandschurei nach Hinghwa zurückbringen. Schon ehe wir die Reise begannen, bedrückte mich die Ahnung einer Gefahr. Waren es Räuber? Oder Schiffbruch? Oder gefährliche Krankheit, gewaltsamer Tod? Ich wußte es nicht. Als sich die Abfahrt verzögerte, gingen manche der Passagiere noch einmal an Land, um Zuckerrohr, Mandarinen und Erdnüsse zu kaufen. Scherzend warnte ich sie, dies nicht zu tun, da die See bewegt werden könne! Hätten wir gewußt, was vor uns lag, kein einziger wäre auf dem Dampfer geblieben! Und doch – Gottes Willen zu wissen und ihm nicht gehorchen, beraubt uns des Friedens. Es ist besser, gehorchend zu sterben, als ungehorsam weiterzuleben. Jedoch, ich hatte den Eindruck, daß die kommende Gefahr, möge sie noch so groß sein, nicht mit dem Tode enden würde. Mein Lebenswerk war noch nicht beendet.

Der Name unseres kleinen Küstendampfers war Tong-Kang. Zu Beginn der Fahrt wurden mir gleich zehn Dollar gestohlen. Ich wäre gerne davongelaufen, denn ich hatte Angst. Aber Gott hielt mich an der Hand, und ich ging Schritt für Schritt mit. Der erste Tag war ruhig, die See spiegelglatt, das Schiff war gut geladen und schaukelte nicht. Jedermann war glücklich. Doch am zweiten Tage explodierte ein Kessel. Das Schiff hatte bedenkliche Schlagseite. Schrecken befiel uns. Mein Vorschlag, zu beten, wurde wenig beachtet. Kurz darauf explodierte auch der zweite Kessel, das Schiff war manövrierunfähig. Durch die leck gewordenen Stellen drang das Wasser ein, schneller, immer schneller und viel rascher, als die Pumpen arbeiteten. Verzweiflungsschreie von allen Seiten. Nirgends eine Hoffnung! Das Schiff mußte in einigen Stunden sinken. Wir müssen beten! Ich rief die Christen zusammen, auch einige der Nichtchristen kamen. Wir beteten und setzten unsere Hoffnung auf Gott. Vor unserem inneren Auge stand der Apostel Paulus auf seiner Fahrt nach Italien. Und zugleich schauten wir über den Ozean in der Hoffnung auf einen rettenden Dampfer. Am Nachmittag tauchte er auf, Jubel und – bittere Enttäuschung, denn er hatte die japanische Flagge gehißt! Der Tod schien gewisser denn je. Würde er uns unserem Schicksal überlassen? Ich hieß die Passagiere mit vereinten Kräften um Hilfe rufen, während wir eine rote Flagge schwangen. Und siehe, die Achijama Maru drehte bei, kam uns zu Hilfe. Das Werk der Rettung gelang; drei Personen aber ertranken: eine Frau, die all ihr Erspartes in Waren bei sich hatte, sprang verzweifelt ins Wasser, weil sie alles auf dem sinkenden Schiff zurücklassen mußte, ein anderer war achtlos und fiel über Bord, während den Dritten die Kräfte verließen, als er an der Leine hochgezogen wurde. Er fiel zurück und ertrank. Erschütterndes Erleben! Wer denkt daran, daß es genau so erschütternd ist, wenn Menschen versinken im schwarzen Strom der Sünde? Man kann nicht eigener Kraft vertrauen, vermag auch nicht, sich selbst zu retten. Wenn wir nicht bereit sind, alles, was uns festhalten will, zu lassen, um in Gottes Rettungsboot zu gehen, wie können wir hoffen, sicher durch ‚dieses Lebens Meer der Angst' das jenseitige Ufer zu erreichen!

Der japanische Dampfer brachte uns in Amoy an Land, sogar unsere persönliche Habe wurde schließlich noch geborgen. Nach solcher Erfahrung vermag ich nicht anders, als mir Gottes Willen gut und vollkommen zu denken. Denen die Gott lieben, müssen alle Dinge zum Besten dienen. Gott hatte mir Kraft gegeben, zu gehorchen, statt der Panik zu verfallen. Noch viel stärker möchte ich mich lösen lassen von allem Hängen an dieser Welt und mich ausstrecken nach Gottes Ziel, nach dem unverwelklichen Erbe, das unvergänglich ist, weil Gott es bewahrt. Und ich hatte andere trösten dürfen. Wieder hatte Gott seinen Auftrag bestätigt, nämlich im Namen Jesu Menschen zu retten, zu allen Zeiten, an jedem Ort.«

Die Christen in den verschiedenen Provinzen Chinas dankten Gott für John Sungs Bewahrung. Der alte Vater aber war bei der Heimkehr des Sohnes froh überrascht von der offensichtlichen Veränderung, die mit diesem vor sich gegangen war. Das verborgene Werk Gottes war spürbar. Dankbar freute sich nun der Vater über die kraftvolle Verkündigung.

Aber John Sung blieb nur kurze Zeit in Hinghwa. Noch war es möglich, im Norden zu reisen. Doch Japans Absichten traten immer deutlicher ans Licht. Die Mandschurei war von einem Einfall bedroht. Diese Lage machte es für Dr. Sung und seine Mitarbeiter doppelt dringlich, die ‚drei nordöstlichen Provinzen' zu bereisen, wie die Mandschurei nun in China genannt wurde. Sein Blick war nach vorne gewandt, und er bat Gott, daß auch jetzt Christus durch ihn verherrlicht werde, sei es durch Leben oder durch Tod.

Sein Leben war Gott hingegeben und Gott trug Sorge dafür, daß John Sung trotz der politischen Unruhen zur rechten Zeit am rechten Ort war. Das stimmte freilich nicht immer mit der ursprünglichen Planung überein. Durch eine enttäuschende Absage zum Beispiel erreichte er Mukden, den Knotenpunkt der transsibirischen Bahn eine Woche früher als beabsichtigt.

Angstvolle Spannung hielt die Bewohner der Stadt in jenem Herbst in ihrer Gewalt. Nur wenige wagten zuerst den Weg zu der Kirche, in der Dr. Sung predigte. Diese aber erkannten in der Stunde der Not, daß Gottes Wort lebendige Kraft ist. Das erzählten sie daheim und bei den Nachbarn. Am nächsten Morgen war die Kirche zur ersten Veranstaltung früh um halb sechs Uhr voll. Und so blieb es während der siebenundzwanzig Versammlungen, die angesetzt waren. Über tausend Menschen bekannten ihre Sünde und wurden der Vergebung gewiß. Sie waren freigesprochen vor Gottes Angesicht. Mitten in der Angst wurde der Friede Gottes in Menschenleben Wirklichkeit. Es war eine gnadenvolle Stunde, ehe das Grauen des Krieges über die Stadt hereinbrach. »Gott erhörte und beantwortete Gebet in einer Weise, wie ich sie bisher noch nicht erlebte«, so berichtete John von unterwegs an die Leitung der Evangelisationsgruppe in Shanghai.

Die Arbeit in Mukden war beendet. In der Frühe des 18. September dampfte der überfüllte Zug, der Dr. Sung und seine Gefährten zu weiterem Dienst führte, zur Bahnhofshalle hinaus. Es war der letzte, der Mukden verließ. Denn in der Nacht vom 18. zum 19. September 1931 wurde die Eisenbahn bei Mukden in die Luft gesprengt. Dieser ‚Zwischenfall' bot den Japanern die Gelegenheit, Truppen in die Mandschurei zu entsenden. Schon am folgenden Tag war Mukden besetzt.

Der Sturm fegte über die rotbraune Erde der Mandschurei. Furcht vor dem japanischen Eroberer lag wie ein dunkles

Tuch über den Einwohnern. Viele rieten John Sung, mit der nächsten Gelegenheit nach Hause zu fahren. Doch er und seine Freunde sahen in den mancherlei Bitten um ihren Dienst einen Fingerzeig, der sie weiterarbeiten hieß. »Es könnte unsere und der Mandschurei letzte Gelegenheit sein«, so beurteilten sie die Geschehnisse. Sie hatten richtig vermutet. Kurz nach Abschluß ihrer Reise war die Mandschurei japanischer Satellitenstaat geworden. Inmitten vor- und zurückweichender Truppen versuchten die Evangelisten, die Städte zu erreichen, in denen sie erwartet wurden. Sie erreichten tatsächlich noch Hailar, die letzte chinesische Stadt, ehe die Bahn über Rußlands Grenze fährt. Die Züge waren in diesem Stadium der Kriegsführung beinahe leer. Dagegen liefen die Spionageringe auf vollen Touren. Jeder verdächtigte infolgedessen jeden. Kein Wunder, daß auch die jungen Evangelisten so nahe der Grenze den Behörden sehr anstößig waren. Sie wurden oft kontrolliert und immer redeten sie bei diesen Anlässen von Jesus, dem Herrn über alle. Es sollten wohl auf dieser Reise die vielen ebenso wie der einzelne noch einmal vor die Gottesfrage gestellt werden.

Nicht überall war John Sung willkommen. In Harbin waren die Kirchen uneins. Nein, sie wollten diese Ruhestörer nicht haben! Sie wollten überhaupt keine Evangelisation! Mehrere Versuche anderer Wanderprediger waren schon gescheitert. Doch eines Tages stand Dr. Sung unerwartet in Harbin! Aber würden die chinesischen Christen diese jungen Männer aufnehmen, nachdem sie ‚die großen Redner' abgelehnt hatten? Merkwürdigerweise waren sie dazu bereit, denn »Gebet ändert die Dinge, und es ändert Menschen«. Diese Tatsache hatten John Sung und seine Gebetskreise mehrfach erprobt.

Es war Samstag. Unheilkündend dröhnten die Motoren eines japanischen Flugzeugs über der Stadt. Doch in Eile gingen die Einladungen hinaus, noch am gleichen Abend fand die erste Versammlung statt. John erzählt in seinem

Bericht nach Shanghai: »Wir kamen nach Harbin. Gott hatte Männer und Frauen bereitgemacht, mit uns zu arbeiten, so unmöglich das erst ausgesehen hatte. Wir sollten dort lernen, Schritt für Schritt vorwärts zu gehen und das geweckte neue Leben noch mehr als bisher auf den Fels des Gotteswortes zu gründen... Christen und Heiden durften wir helfen, das Wunder und die Zuverlässigkeit der Bibel zu erfassen. Erst mußte dieser Kampf gewonnen und die Harbiner Kirchen eins geworden sein. Dann erst kamen Einladungen der russischen, koreanischen und deutschen Kirchen in Harbin. Wir hätten in Harbin bleiben und mit den russischen und deutschen Kirchen weiterarbeiten können, um so den Weg zu weltweiter Evangelisation zu bahnen, doch Gott hieß uns weiterziehen nach dem kleinen, kalten Ort Hulan. Vor uns liegt ein harter Kampf. Betet für uns.‹

Für die reisenden Männer beteten nun auch die Glieder der vor kurzem noch getrennt gewesenen Kirchen in Harbin Sie hatten dort gemeinsame Gebetsstunden eingerichtet, die abwechselnd in den verschiedenen Kirchen gehalten wurden. Solche Beterschar half wohl mit, daß in der »kleinen, kalten Kirche« zu Hulan die Herzen brennend wurden und neues Wachstum begann. Auch das passierte in Hulan, daß durch die russische Kirche, als Dr. Sung dort sprach, eine Bewegung ging: Fünfzig Russen erhoben sich. Sie waren willig geworden, zu ihren in der Mandschurei weit zerstreuten Volksgenossen als Missionare zu gehen.

In Kirin schenkte Gott, dem seine Arbeitsleute mehr als all ihr Tun am Herzen liegen, John eine unerwartete Stärkung. Die Stadt war schon in japanischen Händen. Scheu huschten die Einwohner durch die Straßen und verschwanden, so schnell es ging, hinter verschlossenen Türen. Die in Kirin lebenden koreanischen Christen hatten sich zerstreut oder waren ins Gefängnis geworfen, weil sie den religiösen Kult der Japaner nicht mitmachen wollten. Wer wagte da noch, wandernde chinesische Evangelisten aufzunehmen?

Dennoch – ein Pastor lud Dr. Sung ein. Er betete schon lange mit seiner lebendigen Gemeinde für ihn und seine Arbeit. Die Gemeinschaft mit diesem Manne wog Mühsal und Gefahr der Reise auf. »Bruder«, fragte schließlich der Pastor den Evangelisten, »hast du schon je deine Hand im Namen Jesu auf Gottes Zusage gelegt und sie glaubend für dich beansprucht?« John stutzte. So wirklich konkret hatte er das eigentlich nie getan. Er lernte erst in Kirin, auf die Zusagen, mit denen Gott die Beter durch sein Wort beschenkt, zu achten und sie dankend in Anspruch zu nehmen.

Es wurde bitter kalt. Das Thermometer fiel im Verlauf der Reise bis zu 20 Grad unter Null, und John hatte nicht genügend warme Kleidung. Kindlich rechnete er mit der Zusage seines Herrn und betete um ein warmes, pelzgefüttertes Gewand, wie man es im Winter im Norden Chinas trägt. Sein Herr hatte ja versprochen, für die Seinen zu sorgen. Mit keinem Menschen sprach er darüber. Sein Meister wußte darum, das genügte. Nicht lange danach wurde ihm geschenkt, was er erbeten hatte.

Vor allem betete Dr. Sung mit neuer, starker Zuversicht, Gott möchte seine mächtige und liebende Hand auf Menschen legen, die die Sünde gefangenhielt. Er tat es auch für jenen Mann, der zehnmal seine Bibel verbrannt hatte und als einzige Erklärung nur zu sagen vermochte: »Die Geister zwingen mich dazu.« Durch Gebet und Handauflegung wurde er frei. Jesus erwies sich als der, dem die Mächte gehorchen müssen. Nicht nur die Mächte des Bösen, sondern auch die der ungeordneten Vergangenheit. Saß doch in einer der Veranstaltungen, ohne daß John oder ein anderer darum wußte, ein Mann, der während des Boxeraufstandes im Jahre 1900 einen Missionar ermordet hatte. Seither war sein Arm gelähmt und der Schatten der Schuld sein Begleiter. Als er jetzt, während einer Ansprache Dr. Sungs die an alle Zuhörer gerichtete Frage vernahm: »Glaubst du, daß Jesus, der den Schächer am Kreuz errettete, auch dich retten kann?« war der Mörder so ergriffen, daß er mitten in die Stille der Versammlung hinein mit einem lauten Ja antwortete. Im selben Augenblick war sein lahmer Arm gesund.

So spannungsreich John Sungs Leben nach außen verlief, so einfach gestaltete sich sein persönliches Leben. In der Frühe, gewöhnlich schon um halb fünf Uhr, begann sein Tag. Er liebte die morgendliche Stille, um allein zu sein im Umgang mit Gott und seinem Wort. Danach sprach Dr. Sung ebenso allmorgendlich seine Bibelarbeit und Ansprache für den betreffenden Tag mit Frank Ling, seinem Übersetzer, durch. Das geschah auch dann, wenn er eine ähnliche Ansprache anderswo schon gehalten hatte.

»Der weitere Tageslauf während der Reise«, berichtet Frank Ling, der John so genau kannte, »war sehr einfach: Bibelstudium und Gebet, Verkündigung, Seelsorge, Einträge in sein Tagebuch, drei Mahlzeiten täglich. John schrieb durchschnittlich mehrere tausend Zeichen an einem Tag, denn seine Einträge umfaßten auch neue Erkenntnisse. Es geschah mit einer Sorgfalt und Genauigkeit, wie ich sie kaum bei einem andern Chinesen sah. Kleines wie Großes stand in Zusammenhang mit seinem Dienst, nichts war ihm zu gering. Leider ging ein Teil dieser Tagebücher während des Kriegs verloren.

In gewisser Hinsicht war John kein leichter Gast. Ganz entgegen der chinesischen Höflichkeit war er von rauhen Sitten und gar nicht gesprächig. Ja, er konnte in seiner Ablehnung aller Schmeichelei und Unlauterkeit verletzend sein.«

Der letzte Dienst des Tages war der Abendvortrag. Danach war John meistens gänzlich erschöpft. Er lebte bis an die äußerste Grenze seiner Kräfte, sein ganzes Leben strömte aus für Gott und seine hungrigen Kinder. Selten war John ohne Schmerzen, sie rührten hauptsächlich von der früheren Wunde im Rücken her; Übermüdung und Aufregung trugen das Ihre dazu bei. In all dieser körperlichen Not wurde ihm das Wort seines Herrn zur Richtschnur: »Meine Kraft vollendet sich in der Schwachheit.« John wußte um die stete Gefahr der Überhebung. »Ohne diese Schwachheit wäre es unmöglich gewesen, mein stolzes Herz zu zügeln«, schrieb er einmal.

Auch am Schluß des letzten Reisetages in der Mandschurei schrieb er in schönen, klaren chinesischen Zeichen seinen Bericht. Dann zog er das Fazit: »Nur wo gestorben wird, entsteht Leben.«

MITTEN IN DER ANGST

Den 28. Januar 1932 erlebte John Sung in Shanghai. Es war einer der Schicksalstage für die ‚Stadt über dem Meer'. Die Dampfer, die an diesem Tage an der Mündung des Jangtse in Woosung lagen, zeigten die japanische Flagge. Die Stadt kam unter Beschuß und ging nach schweren Gefechten in den Besitz der Söhne Nippons über. Der Dienst aller, die im vollbesetzten Seminar und in der Krankenpflegeschule der Bethel-Evangelisationsarbeit lernten und unterrichteten, galt zunächst den Verwundeten und heimatlos gewordenen. Auch John und seine Gefährten standen in diesem Einsatz. In der Stille aber ging die missionarische Arbeit weiter. Stark besuchte Abendveranstaltungen fanden statt, und jede der zahlreichen Kirchen spürte den Hauch neuen geistlichen Lebens. Selbst die von John Sung redigierte Zeitschrift nahm nach kurzer Unterbrechung ihren Weg wieder in alle Provinzen Chinas, sogar in die abgeschnittene Mandschurei. Wie es möglich war, wußte man nie, doch es geschah.

Allmählich kam in Shanghai das Leben wieder in geregelten Gang. Die Bethel-Evangelisten, voran Dr. Sung, nahmen ihren Reisedienst wieder auf. Wie es eben möglich war, im Tragstuhl oder mit der Rikscha, auf Flußbooten oder zu Fuß suchten sie das Reiseziel zu erreichen.

Eines Tages fuhren sie den Perlfluß hinauf nach Kanton. Von dort planten sie einen Vorstoß in einige Städte der Provinz Kiangsi. Vor Johns innerem Auge stand noch das bunte Bild der Menschen, denen ihr Dienst in Hongkong gegolten hatte: Reich und arm, hoch und niedrig, solche, die vornehme Villen ihr eigen nannten, und andere, die ihr Leben lang nur auf Hausbooten wohnten, Gelehrte der alten und neuen chinesischen Schule und Analphabeten, in Seide Gekleidete und in Lumpen Gehüllte, Glieder aller kirchlichen Richtungen ebenso wie Nichtchristen, sie alle hatten nebeneinander gesessen, und Gottes Wort war lebendig geworden. Wie sehr hatte Gott sich seiner und seiner Mitarbeiter bedient!

Mit solchen Gedanken schlief John Sung, in seine Wattedecke gerollt, auf dem Boden des schaukelnden Hausboots ein. In der Nacht jedoch erwachte er daran, daß er im Schlaf den vertonten Bibelvers gesungen hatte: »Ohne mich, ohne mich könnt ihr nichts tun. Weggeworfen, weggeworfen wie ein Zweig und verbrannt. Ohne mich vermögt ihr nichts.« John erkannte in diesem Traum eine Warnung. Täglich mußte sein Ichleben in den Tod gegeben werden, sonst würde er nutzlos wie ein dürrer Ast. In seinem Herzen klang während jener Reise ein einziges Thema: »Und hätte ich dies, jenes und anderes und hätte der Liebe nicht, so wäre ich nichts.«

Liebe war die Frucht, die reifen sollte, mitten in der Angst. Und die Botschaft von der den ganzen Menschen erfassenden Gottesliebe sollte er in der Unruhe der Tage verkünden.

Als er weiterfuhr, fragte er sich, ob diese Botschaft wohl auch dorthin reichen würde, wo das leidenschaftliche Bekenntnis galt: »Wir, wir allein schaffen die neue Welt der

Gerechtigkeit«? Dies war das Lebensziel chinesischer Schüler und Studenten. John kannte aus eigener Erfahrung den Widerstand Jung-Chinas. Er kam darum mit großem Bangen nach Fengshien, einer Stadt mit zahlreichen Ausbildungsstätten. Gedrängt volle Versammlungen nahmen ihren Anfang. Die Siebzehn- bis Zwanzigjährigen erschienen, angefüllt mit Widerspruch gegen alles, was christlich war. Sünde! Welch fremdes, anstößiges Wort! Glaube! Sie glaubten endgültig nichts mehr! Sie wußten noch nicht, daß Dr. Sung eine Botschaft vom lebendigen Gott hatte, der seine Menschenkinder kennt bis in die Tiefen ihres Wesens. Und daß dieser Mann vor ihnen mit der Wirksamkeit des Gottesgeistes rechnete! Der zerbrach die Mauer des Widerstands. Jesus, der Herr, füllte das Blickfeld; die Vertreter des jungen China vernahmen sein Wort: »Siehe, ich mache alles neu.«

»Reparabit«, er wird in Ordnung bringen, so bezeichnete Martin Luther einmal das Amt des Herrn Christus. Das Wort weist hin auf den Tag seines Kommens. Doch dies In-Ordnung-gebracht-Werden nimmt schon in der Gegenwart seinen Anfang. Es beginnt, sobald ein Mensch unter die Herrschaft Jesu kommt. Diese Tatsache packte Chinas Jugend nicht nur in Fengshien, sondern auch in anderen Universitätsstädten, denen Dr. Sungs Dienst galt. Sie erstrebte ja glühend eine neue Ordnung des Daseins. Dies Verlangen lag hinter den zahlreichen Revolutionen, durch die ihr Land gegangen war. Doch was sie erlebte, war Chaos. Ihre ganze Welt war sinnlos geworden. Das Leben war, seit sie denken konnten, nur von drei großen Gewißheiten bestimmt: Hunger, Gewalttat und Ungerechtigkeit. Was für eine Ordnung mochte das sein, die Jesus Christus schaffen wollte? Das mußten sie unbedingt herausbekommen!

Tag für Tag waren die Jungen in den Versammlungen vorherrschend. Sie brachten einander in Scharen herbei. Hunderte wurden allein in Fengshien in jenen Tagen bereit,

Jesus Christus Herr sein zu lassen in ihrem Leben, damit er im Zentrum ihres Wesens beginne, Ordnung zu schaffen, sie heile von dem eigenen Zerrissensein. Es begann bei ihrem Verhältnis zu Gott. Dann aber trugen sie als Menschen, die Vergebung empfangen hatten, Sorge dafür, daß um sie her ein Stück Unordnung in Ordnung gewandelt werde. Sie sangen auf den Straßen und in den Häusern: »Jesus ist kommen, nun springen die Bande.« Es war das Bekenntnis erfahrener Wirklichkeit. Vielleicht war dies ein Strahl der Herrlichkeit Jesu, den unsere chinesischen Brüder und Schwestern besonders hell erkannten.

Nicht nur Regierungsschulen, sondern auch eine Bibelschule mit anschließendem theologischem Seminar befand sich in Fengshien. Ihren Studenten dienten die Tage dazu, daß sie die Macht Jesu über alle Mächte stärker erkannten. Brennende Zeugen gingen am Ende des Kursus hinaus in die Städte und Märkte. Und schließlich kamen auch solche, die schon lange in der Gemeinde mitgewandert waren. Ein betagter Christ bekannte eine Sünde, die 37 Jahre zurücklag. Es war das Hindernis in seinem Leben gewesen, das sein Zeugnis für Jesus gelähmt hatte. Ein anderer hatte jahrelang Gelder veruntreut. Nun rechnete er die ganze Summe seiner Diebstähle zusammen und erstattete sie zurück. Jesus konnte Herr werden über alle Räume des Lebens. Es war etwas grundsätzlich anderes als die hohe Moral des großen Konfuzius.

Der Gegenschlag blieb nicht aus. In Foochow erhielt Dr. Sung Briefe folgenden Inhalts: »Verlassen Sie Foochow, oder Sie wandern ins Gefängnis.« Kein Wunder, über eintausend junge Menschen hatten sich in einem Monat in die Nachfolge Jesu rufen lassen. Und sie verwirklichten ihre Entscheidung zur Nachfolge. Das war das Aufregende! Kurz zuvor hatten sich noch viele aus ihren Reihen zu einer materialistischen Weltanschauung bekannt oder waren offene Gegner des Christentums gewesen.

John wußte um die Welt in ihrer bezaubernden Schönheit und in ihrer Grausamkeit. Darum mußte das Wort für alte und junge Christen zu einer Waffe werden, die sie zu gebrauchen verstanden. Vertiefungskurse und biblische Lehrgänge blieben überall und stets das Herzstück der Arbeit. Dr. Sung war der Ansicht, mitzuhelfen, daß Menschen errettet werden, sei verhältnismäßig leicht. Viel schwieriger sei es, diese Geretteten zu einem gesunden Wachstum zu führen, zu einem Zeugnis des Lebens, das anderen Mut zur Nachfolge macht.

Nur gelebte Nachfolge ruft in die Nachfolge. Das prägte er auch den Studenten ein. Zogen sie weiter an andere Universitäten, war ihre aus dem inneren Befreitsein gewonnene Lebensbejahung so spürbar, daß mancher Kommilitone aus seiner Reserve heraustrat und es mit Christus wagte. Innerhalb weniger Jahre bildeten sich christliche Studentengemeinden an Chinas Universitäten.

BESCHLAGNAHMTE GOTTES

Peking – schimmernde Dächer heben sich aus dunklem Grün windzerzauster Bäume gegen den tiefblauen Himmel. Sonnenlicht flutet darüber hin. Noch immer webt der geheimnisvolle Zauber versunkener Kaiserzeit um Tempel, Paläste und Straßen der Stadt. Doch an der alten Stadtmauer vorbei wird man vom bequemen D-Zug zu einem modernen Bahnhof getragen. Zwiespältig ist die Stadt: Ost und West begegnen sich in buntem Wechsel. Aber auch das rätselvolle Gesicht eines uralten Landes mit reicher Kultur, geprägt von der unermeßlichen Weite seines Raumes, liegt hier gleichsam hart neben dem jugendlichen, vom raschen Atem westlicher Welt durchpulsten Antlitz einer wachwerdenden Nation.

Im Herzen Pekings befindet sich die verbotene Stadt. Die Zeit, da keines Fremden Fuß sie betreten durfte, liegt noch nicht sehr weit zurück. Heute schreitet jeder ungehindert über die breiten Marmorstufen. Da nimmt ihn auch schon die Zauberwelt weiter Hallen und Höfe und schimmernd weißer Marmorterrassen gefangen. Geschwungene Dächer der kaiserlichen Paläste, glasierte Ziegel in tiefem Goldgelb, Mauern in hellem Rot, Reliefs mit Drachen-, Wolken- und Wellenmustern lassen ein Bild vollendeter Schönheit erstehen. Harmonie der Farbe, der Linien und Verhältnisse künden das Vermögen chinesischen Geistes, den Rhythmus der Natur symbolisch zu erfassen. Eine verwunschene Stadt, geheimnisvoll wie das alte Land selbst. Doch über allem liegt die Stille, in manchen Höfen und Hallen wächst Gras.

Das Leben aber, das immer wechselnde, immer neue Leben flutete in den verkehrsreichen Straßen und dort, wo die Universität steht; es war zu finden in den Forschungsinstituten und modernen Krankenhäusern, in sonderlicher Art damals im deutschen Hospital, wo Wissenschaft und helfende Liebe den Kampf gegen das Krankheitselend aufnahmen. Solchen Dienst, wie er dort geschah, kannte das alte China nicht; denn er war genährt aus den Kräften des Evangeliums.

Sinnend stand Dr. Sung vor der Peking National-Universität. Ihre medizinische Fakultät hatte ihm einst einen Lehrstuhl angeboten. Er aber zog statt dessen als schlichter Bote Jesu durch sein Land. Gegenwärtig waren er und seine Mitarbeiter zu einer Reihe von Veranstaltungen in Peking. John Sung kam gerade vom Postamt, wo er ein Telegramm aufgegeben hatte: »Alle Bibeln und Bibelteile ausverkauft. Brauchen dringend mehr.«

Viel mehr war geschehen, als auch kühne Hoffnungen erwartet hatten. Und all das neue Leben, das erwachte, war Antwort auf ein sehr stilles, verborgenes Tun. Seit dem

Jahre 1929 verband durch alle Provinzen eines sich wandelnden Landes hindurch einheimische und ausländische Christen *ein* Gebet. Es lautete: »Herr, mache deine Kirche wieder lebendig und fange bei mir an.« Und Gott, der Menschen allein durchs Gebet zu bewegen vermag, antwortete damit, daß er Christen und Nichtchristen aus Starrheit und Teilnahmslosigkeit herausholte. Nicht überall geschah es zur gleichen Stunde und in gleichem Maße. Doch Gottes Feuer hatte zu brennen begonnen.

Licht ging davon aus, das reinigte, Finsternisse erhellte und – Unruhe schaffte. Manche hatten Angst vor dem hellen Schein und hätten das Feuer gerne gelöscht. Unter den Zuhörern in Peking stand einer mit einem Dolch, der für Dr. Sung bestimmt war. – Ganz nahe hatte er sich schon an ihn herangeschlichen. Ein Stoß nur, und – jemand griff zu, entwand ihm den Dolch, und Sung stand unversehrt inmitten der aufgeregten Menschen.

Unbeirrt ging John Sung seinen Weg weiter, ohne Menschenfurcht noch Ansehen der Person. Woher ihm der Mut kam? Gewiß nicht aus der Tapferkeit des eigenen Herzens, wohl aber aus dem Jüngersein. Weil er Jünger war, hörte er in der Angst nicht nur den Schlag des zagenden Herzens. Der Jünger lauscht vielmehr, wo im Gewirr die Stimme seines Herrn zu hören sei. So wird er in der Bedrohung seiner Existenz ein Horchender und Verstehender. Und mitten in der Angst wächst die Kraft des Gehorsams. Nicht das sind die Nachfolger, die weder Angst noch Zweifel kennen, wohl aber jene, die in solcher Anfechtung alles auf das Wort ihres Herrn setzen. Das schafft die sieghafte Freiheit im Leben der Beschlagnahmten Gottes.

Aber ein Mann ganz allein ermattet gar leicht an den Mauern des Widerstands. Deshalb suchte Dr. Sung, wohin er kam, den Fürbittekreis, so auch in Peking. Der Dezembersturm fegte eisig durch die Straßen, dennoch hörte man im ersten Dämmer des Tages, wie da und dort der hölzerne

Balken vom Tor gehoben wurde; der kreischende Ton rostiger Angeln verkündete, daß hier ein Mann, dort eine Frau, dann wieder einige junge Menschen sich auf den Weg machten. Würdig, ein wenig schwerfällig, kamen die älteren Frauen daher. Die kleinen, gebundenen Füße und die wattierten oder pelzgefütterten Gewänder hinderten sie am kräftigen Ausschreiten. Doch mit schwingendem Gang, als freuten sie sich jeden Tag der ungehemmten Bewegung, jede Geste voll Anmut, schritten die jungen Frauen und Mädchen Chinas in den kommenden Tag.* Die Händler, die dampfenden Sojabohnenkuchen, geröstete Erdnüsse oder heißen Wasserreis durch die Straßen trugen, schauten diesen Gruppen verwundert nach. Wohin mochten sie gehen? »Aha!« murmelte dann einer, der mit den Gepflogenheiten der Christen ein wenig vertraut war, »sie beten.« Es war so. Morgen für Morgen fand sich eine Schar zu gemeinsamer Fürbitte in einem stillen Raum zusammen.

Mancher mag fragen, ob solch bescheidenes Tun irgendeinen Sinn habe. »Gott erhörte unsere Gebete über alles Erwarten«, antwortet ein Missionar aus Peking. Im gleichen Briefe fährt er fort, nachdem Sung Peking verlassen hatte: »Ich bin so dankbar, daß unsere Gemeinde rechtzeitig erkannte, daß Gott große Dinge zu tun vermag, wenn die Seinen am Gebet bleiben, Gemeinschaft untereinander haben und sich ganz dem Willen Gottes hingeben.«

Und eine Chinesin aus reichem Hause erzählte zehn Jahre später: »Dr. Sung beschlagnahmte damals unsere Herzen für Jesus.« Studentin noch, hörte sie den Ruf Jesu und wurde plötzlich wach für die Verlassenheit der Millionen unerreichter Menschen ihres Volkes; sie sah die verkümmerten Urstämme in den schwer zugänglichen, rauhen Gebirgsländern der westlichen Grenzprovinzen vor sich. Und wo sie vorher nur ein wirtschaftliches und soziales Problem in

* Sun Yat-sen hatte 1911 die Unsitte des Fußbindens verboten.

ihnen gesehen hatte, erkannte sie nun Brüder und Schwestern, für die Jesus Christus auch gestorben und auferstanden war. Wer aber trug die Botschaft zu ihnen? Und wer war bereit, unter ihnen in der Kraft dieses Herrn zu leben? Es war nicht möglich ohne Opfer. Da verließ sie alles, was sie besaß – Reichtum, Studium, gesicherte Zukunft – und folgte Jesus nach, um ihn in den Grenzprovinzen zu bezeugen. Chinesisch-Tibet und, wenn Gott die Möglichkeit geben würde, Unabhängig-Tibet als Missionsland der Kirche Chinas – das war die Schau jener einstigen Studentin und anderer, die Gott durch John Sungs Stimme gerufen hatte.

Manchmal ging dieser Rufer Gottes sonderbare Wege. Da stand er in Peking auf dem Podium und sprach über Naemann, den aussätzigen Feldhauptmann. Ein vorzüglicher Mann, führte er aus, *nur* er war aussätzig. Ein kleines ‚nur', das doch besage, daß der ganze Mensch unheilbar krank sei. Dann kam die Gegenwartsbeziehung: Sung sprach über die Selbstbestimmung Gott gegenüber, über das ‚nur' der Lieblingssünde, mit dem wir ein einzelnes Gebiet Gott entziehen. Ein kleines *nur* — und ewigkeitsschwere Folgen! »Gott aber hat einen Weg der Rettung!« Längst stand Sung nicht mehr ruhig auf dem Podium. Siebenmal mußte Naemann untertauchen in den Jordan, und siebenmal sprang auch er in der weiteren Auslegung von der Heilung des Naemann vom Podium herab, um das siebenmalige Untertauchen zu demonstrieren! Das war einigen denn doch zuviel! »Warum in aller Welt machen Sie das?« wandte sich eine englische Lehrerin nach dem Schluß an John Sung. – »Nun, die Hörer sollen deutlich verstehen, was die Bibel meint, wenn sie von siebenmaligem Untertauchen spricht. Geduld und Ausdauer müssen im Jüngerleben ebenso wie ein ganzer Gehorsam beachtet werden.«

Ein zweites Mal wollte Peking für Dr. Sung zur Lockung eines gesicherten Lebens werden. Man bot ihm eine ständige Pfarrstelle an. Pastor in Peking – welche Möglichkeiten!

Doch Dr. Sung hatte ein anderes *Muß* gehört, und zwar als das göttliche Muß *seines* Lebens. Selbst Peking konnte den Mann nicht halten, dessen Schau das ganze riesige China bis über die Grenzen des Festlands hinaus umfaßte. Darum zog er weiter, an keinem Ort seßhaft, überall Zeuge und Überbringer einer Botschaft, die immer größer war als der Mann, der sie verkündete.

Träger des Lebens in einer sterbenden Welt zu sein, war hohes Vorrecht, das wohl eines Verzichtes wert war. »Der Same des göttlichen Worts wird unter Schweiß und Tränen gesät. Nie wählte ich den Weg des geringsten Widerstandes«, mahnte und bezeugte John Sung.

*

Peking lag längst hinter ihm. Dies hier war Cheng-chow! Prüfend glitt sein Auge über die Häuser und die Menschen, als er rasch durch die Straßen schritt. Schon stand er vor dem Zelt, das von den verschiedenen Kirchgemeinden gemeinsam errichtet worden war. Es erzitterte unter der Wucht des Sturmes, der draußen heulte. Den pulverfeinen Sand der weiten, wilden Gobi führte er mit sich; der hüllte Stadt und Land in nebligen Dunst. Noch immer hielt die Kälte an. Drinnen im Zelt kämpften ein paar rußende Petroleumlampen, die bei jedem Windstoß zu erlöschen drohten, mit geringem Erfolg gegen die Dunkelheit des Raumes an. Ihr flackerndes Licht ließ eben noch die Umrisse der Sitzenden erkennen: Sänftenträger, die ihr beschwerliches Tagewerk beendet hatten, schlichte Pächter von den Höfen, durch hartes Tagewerk vor der Zeit gealterte Frauen in den dicken Wattejacken der ländlichen Bevölkerung. Sorgsam umschlossen ihre Hände das kleine Messingbecken, in dem unter heißer Asche ein paar Stücklein glimmender Holzkohle ein wenig Wärme spendeten. Auch Kinder waren da und Großmütter, die behaglich an der geliebten Wasserpfeife zogen. Sie alle füllten nun die schmalen, lehnenlosen

Bänke: eine arme, geringe Schar. Ganz schlicht diente ihnen Dr. Sung. Er erzählte eine Geschichte der Bibel und stellte sie mitten in die Gegenwart. Wenn das Zelt je dunkel gewesen war, so schien es nun erhellt von der warmen Glut der Heilandsliebe, die auch den Ärmsten gilt.

Kirchen und Universitäten in Tsinan, Hwanghsien und Tengchow, die große Schule der China-Inland-Mission in Cheffoo mit ihren englischen und amerikanischen Kindern, sowie das düstere Provinzialgefängnis in Tsining erfuhren etwas von der Leben schaffenden Kraft des Evangeliums, als Sung und seine Mitarbeiter im Verlauf der Reise immer weiter nach dem Norden kamen. Sie brachten das alte Evangelium, jedoch in einer Frische und Realität, die vielen unbekannt gewesen war.

Blutdürstige Banditen, für Bestechung offene Beamte, hochfahrende Soldaten, aufrührerische und immer wieder enttäuschte Studenten, betrügerische Dienstboten, gesetzte Gelehrte, Rikscha-Kulis und Wasserträger, Bettler, wohlhabende Geschäftsleute, jung und alt aus Stadt und Land bekannten ihre Sünde und gewannen Kraft, in einem neuen Leben zu wandeln. Wahrlich, ein eindrucksvolles Geschehen!

John hielt sich nicht lange in der Provinz auf. Schon senkte die Hirse auf den Feldern ernteschwer die braunen Büschel und zeigte den nahenden Herbst an. Ein halbes Jahr schon hatte er im Norden zugebracht. Er dachte nun an die Heimreise. Eine seiner letzten Aufgaben fand Sung nochmals in einer Splittergruppe, den ‚Gesandten Gottes'. Auch sie legten den Nachdruck auf Zungenreden und Heilungswunder als Erweis der Geistestaufe. Doch unter Sungs Verkündigung wurde bald offenbar, daß viele, die in Zungen redeten und den Anspruch erhoben, geistgetauft zu sein, nie ihre Sünde erkannt, noch viel weniger mit ihr gebrochen hatten. Was ein Sünder aber braucht, betonte John Sung, ist nicht die Gabe des Zungenredens oder irgendeine andere Gabe, sondern allein die Gabe der Errettung. Nach den Geistesgaben zu trachten ohne klare Erkenntnis der Sünde und des Heils, ist eine gefährliche Sache. Allzuoft ist es Betrug des Satans.

Als Dr. Sung auf die sechs hinter ihm liegenden Monate zurücksah, meinte er, daß seine Erlebnisse ihn die Lektion vom Berge Karmel gelehrt hätten, nämlich die Unterscheidung zwischen Falschem und Wahrem, zwischen Fleisch und Geist. Das Feuer Gottes fiel nicht als Antwort auf das Schreien und die lärmende Ekstase der falschen Propheten. Es war das ruhige Vertrauen und der gehorsame Glaube des Elia, dem Gott mit Feuer antwortete. Das Ichleben muß davon verzehrt werden, ehe der Ruf: »Der Herr ist Gott, der Herr ist Gott« gehört werden kann. Nur das Feuer des heiligen Geistes vermag die Unterschiede und Vorurteile, soweit sie trennend zwischen Christen stehen, zu schmelzen und sie in wahrer Gemeinschaft zu einen.

WENN DU MICH DEMÜTIGST ...

Von Shanghai im Osten bis zum Rande der Mongolei im Norden und bis zum Vorland Tibets kannte man John Sung. Von vielen wurde sein Name mit Hochachtung und Liebe genannt. Weshalb nur war in seinem Innern das bohrende Fragen? Teilweise wußte er die Antwort auf diese Frage. Seine Beziehung zur Leitung der Bethel-Mission, der er unterstellt war, war alles andere als reibungslos. Er fühlte sich beschnitten in der Durchführung seiner weitreichenden Pläne. Brauchte er mehr freien Raum? Wollte Gott ihn lösen? John hatte keine klare Antwort. Doch eines wußte er: Jede Uneinigkeit war Niederlage. Darum litt er so tief unter den persönlichen Schwierigkeiten. In sein Tagebuch schrieb er: »Ich habe nur den einen Wunsch, meinem Herrn nachzufolgen auf jedem Wege, den er wählt.«

Er war jetzt unterwegs nach dem Grenzland und benützte den Schnellzug Peking–Kalgan. Mächtige Wolken weiß-grauen Dampfes ausstoßend erkämpfte die Lokomotive die Paßhöhe. Schweigend schaut dort die uralte, schon zweihundert Jahre vor Christus erbaute chinesische Mauer auf den Stahlriesen, der ihre mehrtausendjährige Ruhe stört. Trutzige Wachttürme erheben sich da und dort. Sie wehren keinen Feind mehr ab. Doch wie ehedem trotten schwerbeladene Packtiere den Paßweg entlang und bringen Waren von jenseits der Mauer aus der inneren Mongolei nach Nankou, dem ‚südlichen Mund'.

Kalgan! John befand sich in der Hauptstadt von Chahar, einer modernen Stadt mit zweihunderttausend Einwohnern. Er liebte den Dienst in den Städten. »Die große Zahl der Sünder« zog ihn an. Aber keine Stadt durfte ihn endgültig festhalten. Sein Auftrag galt auch den ‚verlorenen Posten'.

Darum fuhr er weiter nach Paotow, Endstation der großen Bahnlinie von Peking nach dem Grenzgebiet der inneren Mongolei. Ein weites Land dehnt sich dahinter, das allmählich übergeht in die mongolische Steppe. Kamelherden traben dort durch den Sand, verwegene Nomadenstämme wohnen in ihren Zelten und ziehen den Weideplätzen bei den Oasen nach. Wilde Räuberbanden und entlaufenes Militär hatten in jenem Grenzgebiet ihre große Zeit. Gesetzlosigkeit herrschte in den Städten und auf dem Lande. Auf ausgesetzte, wimmernde Säuglinge und kleine Kinderleichen – immer sind es Mädchen – stößt man im Grenzland in erschreckend großer Zahl.

Eine kleine Schar von Christen, einige wenige Missionsleute führten in unerhörter Einsamkeit einen gigantischen Kampf. In Saratsi war ein großes Waisenhaus entstanden, um die unwillkommenen Kinder aufzunehmen. Auch in Paotow und Kweihwa standen einige Kämpfer auf Vorposten im Dienste der Liebe. Sie hatten sich zusammengetan und die Bethel-Evangelisten eingeladen.

Die Menschen, die zum Teil nach tagelangen Reisen zu den Konferenzen kamen, wußten, von welchen Gefahren die Wege umlauert waren. Aber sollte man deshalb die Gemeinschaft unter Gottes Wort missen? Und sollte man, so fragten sich die Evangelisten und Missionare, weil es vielleicht das Leben kosten konnte, Millionen von Menschen ohne die Botschaft des Evangeliums lassen?

John Sung war überrascht, als er in Saratsi fünf- bis sechshundert Menschen versammelt fand. Und war das, was Gott in Paotow tat, jener Stadt voll Gesetzlosigkeit, nicht ein Zeichen, das besagte: »Gott aber kann!«?

Eigentlich war Frau Wu eine Christin, aber ihr Glaube war völlig erloschen. Sie war so verzweifelt, daß sie in der Tasche eine große Dosis Opium trug, mit dem sie sich vergiften wollte. Wozu auch leben? Der Mittelsmann, ohne den in jenen Gebieten auch noch 1933 kaum eine Ehe geschlossen werden konnte, hatte sie um eine glückliche Ehe betrogen. Erst am Hochzeistage lernte die Braut ihren Mann kennen, und sie entdeckte sofort mit Entsetzen, daß er ein Opiumraucher war, ein Sklave der Sucht. Das Haus war dem Ruin preisgegeben. Zudem – im Hause herrschte schon seine erste Frau. Sie galt als die ‚große Frau', während die junge Frau Wu dazu verurteilt war, nur die ‚kleine Frau' zu sein, ihr ganzes Leben lang! Frau Wu verfiel dem Mörder Traurigkeit, der sie langsam dazu führte, Trost im Reisschnaps, beim Würfelspiel und im Theater zu suchen. Schritt für Schritt geriet sie tiefer in die Nacht hinein. Und nun war es so weit: das Opium würde endgültiges Vergessen bringen.

Ohne zu wissen weshalb, ging sie an einem Abend zu Dr. Sungs Vortrag. Man sang. Richtig – um sie her saßen ja hundert bis zweihundert Menschen! Warum war sie eigentlich noch gekommen? Sie wollte ja verlöschen, lautlos versinken im Dunkel wie ein fallend Blatt im Herbst.

Was sangen doch die Leute? »Der Herr zerbricht jede

Fessel, er macht mich frei.« Merkwürdiger Vers! Wie, wenn er wahr wäre? Vielleicht brauchte sie dann kein Opium?

Nun predigte Dr. Sung. Und durch ihn sprach Jesus zu Frau Wu das lösende Wort, das alle Traurigkeit durchstieß und ihr Freiheit brachte. Das Opium wurde verbrannt. Eine Frau ging heim und trug ein kleines und wärmendes Licht; sie rechnete fortan mit Jesus, auch in der schweren Ehe.

Doch John blieb bedrückt während der ganzen Reise. Nie hatte er in anderen Gebieten solches Ausmaß der Gesetzlosigkeit gesehen, nie solch krasse soziale Ungerechtigkeit. Und er hatte doch wahrlich viel gesehen und noch mehr gehört!

Zeichen schenkte Gott im Grenzland, aber nirgends eine größere Bewegung. War dies Ackerland härter als anderswo? Auch Jesus spricht von verschiedenem Boden zum Trost der Jünger und Säeleute. Aber John Sung fragte sich, ob ihm dieser Trost heute gelte? Trug er nicht vielmehr Schuld? Unter den drei Evangelisten herrschte nicht mehr die stärkende Einmütigkeit des Anfangs. Darin erkannte er seine Niederlage, ohne doch einen Weg zu sehen, die aufbrechenden Gegensätze zu überbrücken.

Lange stand er an den Gräbern der hier im Boxeraufstand ermordeten Missionsleute, während die Kamele, die die Evangelisten zum entfernten Friedhof getragen hatten, friedlich grasten. Jene Ermordeten hatten ebenso wie er eine Handvoll Saatgut anvertraut bekommen. Es war ihres und seines Herrn Saat. Und dieser Herr würde Sorge tragen, daß dennoch – dennoch eine Ernte reifte. Hatten er und seine Mitarbeiter nicht schon vielerorts einbringen dürfen, was andere oft unter Tränen gesät hatten?

In dreiunddreißig Städten des Nordens hatten die Bethel-Evangelisten im vergangenen halben Jahr gearbeitet. Nun ging es mit mannigfacher Unterbrechung wieder dem mittleren und südlichen China zu. Jenseits des breitflutenden Jangtse kamen sie nach der Provinz Hunan. Als allerletzte hatte sie die festverschlossenen Tore ihrer Städte dem Evangelium geöffnet; bis in die jüngste Gegenwart hinein wußte man um ihre ablehnende Haltung. Doch der Angriff der Liebe Gottes wurde still und stetig in das feindliche Land getragen. Zeichen dieser Liebe wurden das weithin geschätzte Missionshospital, die Blindenschule und ein theologisches Seminar. Auch die Regierung hatte wichtige Ausbildungsstätten in Changsha, denn es war eine reiche und blühende Stadt. Die Heiterkeit östlichen Lebens lag über dem Leben in den Straßen. Nur wer genau zusah, erkannte auch den nachtdunklen Hintergrund.

Das war auch so, als Dr. Sung kam. Die Versammlungen nahmen ihren Anfang. Die Stadt geriet in Bewegung! Die Missionarin, die eben von langer Reise zurückgekehrt noch einen Platz in der Ecke gefunden hatte, sah sich erstaunt um: Hohe Beamte, Militär jeder Gattung, Alte und Junge, Blinde und Gebrechliche, Missionare, Ärzte, Schwestern und Pfleger saßen da. Manche der Zuhörer waren ihr als langjährige Christen bekannt, andere hatten bis dahin nie eine Stätte christlicher Verkündigung betreten.

War das wirklich die vormals dem Evangelium so verschlossene Stadt? Es schien angesichts der starken inneren und äußeren Beteiligung kaum glaubhaft. Frauen, die zu Beginn so ausdruckslos und hölzern dagesessen, als vermöchte nichts mehr ihre stumpf gewordenen Sinne zu durchdringen, erhoben sich, als erwachten sie aus langem, schwerem Traum. Gottes Geist schien in ihre Herzen und weckte sie auf. Mehrere hundert Menschen meldeten sich zum Taufunterricht an. Sie wollten nun ihr Leben als Christen führen. Die drei großen in Changsha arbeitenden Missionen hatten die Veranstaltungen gemeinsam vorbereitet und teilten nun miteinander die Freude der Ernte.

Nur wenige Jahre danach war Changsha zwei lange Jahre hindurch die Stadt zwischen den Fronten. Sie war bald in den Händen chinesischer, dann wieder japanischer Armeen und Machthaber. Unsäglich war das Leiden ihrer Bewohner, bis schließlich eine Nacht des Grauens die Stadt zum großen Teil vernichtete. Wieder einmal von chinesischen Soldaten zurückerobert, wurde sie auf Befehl der eigenen Regierung an allen vier Ecken angezündet und lohte bald in wildem Flammenwirbel auf. Nichts sollten die anrückenden Japaner bei ihrem Vormarsch finden als ‚verbrannte Erde', um daran zu erliegen. So wurde die blühende Stadt zur Stätte des Entsetzens. Sie hatte aber, ehe das geschah, ihre Zeit der segnenden Heimsuchung Gottes gehabt. Und Flüchtlinge, die nach Changshas Untergang, noch das Grauen jener Nacht in ihren Zügen, ins Inland kamen, erzählten nicht nur von der Schreckensnacht, sondern auch von den Tagen, da Gott sie besucht hatte. Ja, mancher Same, damals ausgesät, ging nun noch auf.

Für die Männer, die Gott in ihrem Dienst also segnete, wurde Changsha der Ort der Trennung und der Demütigung. Während einer Mahlzeit, die sie zusammen mit ausländischen und chinesischen Freunden einnahmen, kam das entscheidende Telegramm. Es rief John Sungs Freund und Mitarbeiter Andrew Gih zurück nach Shanghai, um zwei neue Evangelisationsgruppen zu bilden. Die drei Evangelisten wußten sofort, daß dies die Auflösung der sogenannten ‚weltweiten Evangelisationsgruppe' in ihrer bisherigen Form bedeutete.

Unterwegs mögen die beiden Männer wohl manchmal über deren Anlaß gesprochen haben. Im Vordergrund stand wohl eine Lehrfrage. John Sung, so meinte die Leitung, lehrte kein völliges Leben des Siegs, da er nicht von der völligen Ausrottung der Sünde im Herzen des Glaubenden spräche. Und weiter hieß es, John zöge die Bekehrten an sich, seine Arbeit könnte deshalb keinen Bestand haben. Schließlich verdächtigte man ihn noch, daß er Geldgaben für sich verbrauchte, statt sie an die Zentrale der Arbeit weiterzuleiten. Es waren erhebliche Dinge. John prüfte sich, dann wies er den zuletzt ausgesprochenen Verdacht als unbegründet zurück; er überließ es Gott und der Zeit, den zweiten Vorwurf richtigzustellen; doch an die ‚Entwurzelung der Sünde' im Menschenherzen glaubte er nicht. Er würde sie deshalb auch nicht verkünden. In seiner Bibel stand, »so tötet nun eure Glieder ... und stellt sie in den Dienst Christi«. Das lehrte er als das Werk des heiligen Geistes im Herzen des Jüngers.

Andrew Gih geriet in bedrängenden Zwiespalt. Wie sollte er sich entscheiden? Auf der einen Seite stand John und das ihm gegebene Versprechen ungeteilter Gemeinsamkeit im Dienst des Evangeliums, dort aber ging es um die ebenso schwerwiegende Treue der Bethel-Mission gegenüber. Nach schweren Stunden gab Andrew Gih Bethel seine Zusage. Damit waren die Würfel gefallen. John Sung und Frank Ling brachten den Freund voll Trauer zur Bahn. Der Abschied war endgültig, denn nur noch ganz selten und flüchtig berührten sich die Wege der beiden Männer. Doch blieb kein Groll zurück.

Dr. Sung und Frank Ling setzten ihre Reise fort. Sie wurden in Henyang erwartet. Über dem Bericht eines dortigen Missionars liegt noch der helle Glanz beglückenden Erlebens. »Habt Ihr je einmal«, heißt es da, »die verzehrende Sehnsucht nach einem Menschen verspürt, aus dessen Wesen die Herrlichkeit des Evangeliums herausbricht? Hieltet Ihr schon einmal Ausschau nach einem Christen, dem es geschenkt wurde, die frohe Botschaft in solcher Kraft darzustellen, die ihr entspricht? Verlangte Euch nach einer apostolischen Gestalt? ...

Die Chinesen können schmerzhaft sachlich sein, und ihre Gottesdienste sind oft langweilig und trocken ... Umsomehr sehnte ich mich all die zwanzig Jahre, die ich nun in China bin, nach jemand, der käme, um das zu tun, was ich nicht vermag – nämlich die *Herrlichkeit* des Evangeliums zu leben und zu verkünden. Wir beteten – wir warteten. Dann plötzlich war eine lebendige Flamme Gottes unter uns. Die überschwengliche Herrlichkeit des Evangeliums fand Ausdruck in einem schwachen, menschlichen Gefäß.«

So stark lebte Dr. Sung, der Mann mit der schweren und eigenwilligen Art, in der Gegenwart seines Herrn, daß er gleichsam zugedeckt war von der alles überragenden Wirklichkeit der Größe und Majestät Jesu.

»Was war das Besondere, das dieser Mann brachte?« fährt der Schreiber fort, »das, was für uns von bleibendem Wert war? Nun, er machte als erstes das Wort lebendig. Wer kann je seine Auslegung von Hesekiel 37 vergessen? Zwei dürre Knochen hielt er in Händen, dann schlug er einen gegen den andern als Sinnbild innerlich toter Gemeindeglieder, die miteinander im Streite liegen. Können Totengebeine das Wort des Herrn vernehmen? rief er aus. Gott sei Dank, ja! Es besteht Hoffnung für tote Kirchen, wenn Gottes Leben schaffendes Wort in ihnen verkündet wird.

Das Zweite, was Dr. Sung brachte, war ein aufrüttelndes Wort an lau gewordene Christen. Sie gingen durch ein verzehrendes Feuer der Läuterung. Der unter die Mörder gefallene Mann im Evangelium lag hier, in unserer Mitte. Er war das Bild jener betrüblichen Kirchenchristen, denen der Satan den Glauben, das Gebet und die Schrift geraubt hatte, um sie dann halbtot liegenzulassen. Warum aber, kam nun die Frage, läßt sie der Teufel halbtot zurück, statt ihnen den Garaus zu machen? Ohne Zweifel nur deshalb, weil Kirchen voll also beraubter und kümmerlich vegetierender Christen die Sache des Satans stärker fördern als alles andere! Der barmherzige Herr allein vermag die Halbtoten wieder lebendig zu machen. Dann aber sollen sie hingehen und mithelfen, daß Sterbende durch Gebet, Wort und Glaube wieder neues Leben gewinnen.

In uns allen weckte John Sung den vertieften Entschluß, Jesus nachzufolgen mit unserem ganzen Sein. Und weil der

Mann von Golgatha und Ostern in der Mitte stand und nicht unser Entschluß, war es eine Entscheidung, die Opfer und Seligkeit des Jünger-Seins zugleich in sich trug.

Unvergessen bleibt der Vormittag, an dem John Sung uns den Berg der Seligpreisungen hinaufführte!

Schritt für Schritt erstand hinter jedem ‚glückselig sind...' das Leben Jesu von der Menschwerdung bis zum Kreuz. Und so ward jede Seligpreisung zu einem neuen Voranschreiten des Glaubens, bis wir gleichsam auf der Höhe standen bei dem Wort: ‚Glückselig seid ihr, wenn ihr um Gerechtigkeit willen verfolgt werdet!'

Mit raschen Strichen entwarf John, indem er sprach, die Skizze auf der schwarzen Wandtafel. Gebannt folgten wir und – erschraken! Einsam ragte auf dem Gipfel das Kreuz. Waren wir bereit zu folgen, bis nach Golgatha?

Herr Jesus, mache du uns willig, den ganzen Weg des Jüngers mit dir zu gehen.«

Anders geht es im Reiche Gottes zu als in den Reichen der Welt. Hinter großen Siegen stehen tiefe Demütigungen. Schweren Herzens schrieb Dr. Sung aus Henyang, demselben Ort, aus dem der vorhergehende Bericht stammt, an all seine Freunde, daß er sich von Bethel gelöst hätte. Von nun an wollte er als freier Evangelist arbeiten. Wo? Das konnte er den Fragenden nicht mitteilen. Er hatte keinen Plan. Die Zukunft war unbestimmt.

Johns Tagebuch berichtet: »Ich schrie zu Gott, daß er mich stärke, das Evangelium ganz zu verkünden, ohne mich durch die Sorge um meinen weiteren Weg lähmen zu lassen.«

Mit seinem steten Gefährten und ebenso zuverlässigen wie gewandten Übersetzer kehrte Dr. Sung nach Shanghai zurück und nahm von der Bethel-Mission Abschied. Für seine Familie, die auf deren Grundstück untergebracht war, fand er in Shanghai eine neue Wohnung. Dennoch zog er wie Abraham aus, ohne zu wissen wohin.

Drei Jahre einer engen und reichen Zusammenarbeit fanden damit ihren Abschluß. Sicher hatte John erkannt, wie sehr er der Ergänzung bedurfte. Sonderlich durch Pastor Gih war sie ihm zuteil geworden. Von ihm hatte John viel gelernt. Denn nicht nur seine Art, auch seine Theologie bedurfte an einzelnen Stellen der Korrektur.

Andererseits war John Sung mit seinen reichen Gaben und der kompromißlosen Ganzheit der Nachfolge die Seele der evangelistischen Arbeit. Das bleibt in Bethel unvergessen. Dr. Mary Stone, die chinesische Leiterin der Bethel-Mission, schrieb über ihn: »Er war ein großer Gottesmann.« Daneben steht die Aussage einer anderen chinesischen Mitarbeiterin von Bethel: »Ich kannte keinen, der in seinem persönlichen Leben so manche Kante hatte und zugleich das Evangelium in solcher Vollmacht verkündigte. In den wenigen ihm geschenkten Arbeitsjahren vollbrachte er mehr als Hunderte von Evangelisten.«

Viel stärker als die Ungewißheit lastete auf John ein anderes: Es war so schwer entwirrbar, was Schuld und was unvermeidbares Geschehen war. Er sah keine klare Führung, sondern tastete im Nebel. Aber auch in der unentwirrbaren Lage wartet Gott auf uns. Nach ihm schaute John aus, auch jetzt. Er machte sich daran, die Lektionen der Niederlage zu lernen. Auch die Niederlage mußte von Gott her einen Sinn haben. Der Mann, der andere zur Buße rief, ging immer wieder selbst den Weg der Buße. Und weil er dabei nach seinem Herrn ausschaute, stand am Ende des Weges das Bekenntnis: »Ich danke dir, daß du mich demütigst und – hilfst mir.«

KOMM WIND, KOMM WETTER!

Tapfer pflügt der kleine Küstendampfer seinen Weg durch Wind und Wogen der chinesischen See. An der fernen Küste blinkt das Licht des Leuchturms auf, erlischt – blitzt wieder auf – erlischt – in ständiger Bewegung die ganze Nacht hindurch. Flimmernd ziehen am Firmament die Sterne ihre geordnete Bahn.

In das nimmermüde Rauschen der Wellen mischt sich lautes Schnarchen der Schläfer. Der Dampfer ist überfüllt. Die Reisenden liegen, abgesehen von den glücklichen Besitzern der wenigen Kabinen, fest in ihre Wattedecke eingerollt auf dem Fußboden.

Auch John Sung, nun als unabhängiger Evangelist unterwegs, ist eingeschlafen. Plötzlich aber meint er, den Vater neben sich stehen zu sehen. Deutlich vernimmt er die ruhige Stimme: »Siong-ceh, ich ging in die himmlische Heimat, du aber hast noch sieben weitere Jahre vor dir. Deshalb arbeite mit all deinen Kräften.«

Jäh erwacht Dr. Sung. Welch lebhafter Traum! Doch bei seiner Ankunft erfährt er, daß sein Vater, von dessen plötzlicher Erkrankung er nichts gewußt hatte, in jener Stunde gestorben war.

Arbeiten mit allen Kräften, das tat John Sung. Sein Name stand übrigens an der Spitze einer Liste, in der der Nationale Christenrat ‚sechs bemerkenswerte Persönlichkeiten' unter den führenden evangelischen Männern Chinas erwähnte.

Auch als freier Evangelist wurde John von den Kirchen gerufen, und kam der kleine, unscheinbare Mann dann wirklich, so drängten sich meist die Menschen. Gewöhnlich mußte man zwei oder drei Stunden vor Beginn einer Veranstaltung da sein, wollte man einen Sitzplatz finden. Hatte man diesen glücklich errungen, so fiel der Blick unwillkürlich auf die weiße Leinwand über dem Podium. In klaren, weithin sichtbaren Zeichen war dort ein Vers aufgeschrieben, gleichsam das immer wieder auftauchende Motto des Tages. Er wurde frisch und lebendig solange gesungen, bis ihn jeder auswendig konnte. Sie nahmen ihn mit nach Hause und er erklang in heidnischen Dörfern und Familien. Man vergaß ihn nicht wieder.

Nach dem Singen folgte eine kurze Pause zu gemeinsamem Gebet. Dabei konnte jeder zur gleichen Zeit mit halblauter Stimme sein Anliegen vor Gott bringen. Menschen, die an strenge, kirchliche Formen gewöhnt waren, waren zum Teil zunächst entsetzt. War man aber mit dem Herzen dabei, so klang das Auf- und Abwogen der vielen Stimmen wie das Rauschen eines großen Meeres. Sie wurden nach kurzer Zeit aufgenommen von der Stimme Dr. Sungs oder seines Mitarbeiters, der nun das Eingangsgebet sprach.

Dann betrat John Sung das Podium, sein großes Notizbuch in der Hand. Selten nur benützte er es während der Ansprache. Aber er hatte es gerne bei sich. John sprach nicht sehr deutlich und zudem, namentlich in den ersten Jahren, ein schlechtes Mandarin. Seine Übersetzer mußten wendig und schlagfertig sein. Bis in die Gesten hinein hatten sie Folge zu leisten. Geschah es, daß einer etwa zögerte oder einen milderen Ausdruck für angebracht hielt, so wurde er ohne weitere Umstände vom Podium gewiesen. Daß dies in einem Lande angenommen wurde, in dem die ‚Wahrung des Gesichts' eine der Hauptregeln des Zusammenlebens war, ohne daß die dankbare Zuneigung zu Dr. Sung Schaden litt, zeigte, welche starke geistliche Kraft von ihm ausging. Jeder, der mit ihm arbeitete, wußte, daß hier nicht die persönlichen Dinge wichtig waren. Es ging allein um Gottes Sache. Dr. Sung sprach dann entweder mit einem zweiten Übersetzer oder in schlechtem Mandarin weiter. Verstanden wurde er jedenfalls!

Bei aller Lebendigkeit waren die Versammlungen zuchtvoll. Nie erlaubte er jemandem zu stören. Der Missetäter, dem es etwa in den Sinn kommen sollte, in ein begeistertes ‚Halleluja' auszubrechen, oder ohne dringenden Grund vor Schluß der Veranstaltung aufzustehen, um nach Hause zu gehen, hatte alsbald mit einem strengen Verweis zu rechnen. Und die Nebensitzenden zogen ihn eilig wieder auf seinen Platz zurück. Die Ansprachen wurden fesselnd illustriert. In kühnen Strichen entstanden zum Teil groteske Zeichnungen an der Wandtafel.

Ein andermal wieder wurde die Disposition in einigen rasch hingeworfenen Zeichen an die Tafel geschrieben. Oder seine Mitarbeiter, manchmal auch einige der Zuhörer mußten mithelfen, eine Illustration zu improvisieren. Nicht selten umwand er einen Mann mit starken Seilen. Arme, Beine, ja der ganze Mensch waren so eingeschnürt, daß er nicht mehr vermochte, sich selbst herauszulösen: Fesseln der Sünde. Ein anderer mußte die Bande lösen. Und langsam nahm er die Stricke weg und setzte den Mann in Freiheit.

Eine Vielfalt der Bilder benützte Dr. Sung, wenn er auf das Thema halbherziger Jüngerschaft zu sprechen kam. Halbe Bekenntnisse, halbe Entscheidungen, *die* Hindernisse geistlichen Lebens, verabscheute John Sung. »Es hat keinen Wert, Sünde nur hier ein wenig zu stutzen, dort ein wenig zu beschneiden, alle Sünde muß bekannt werden. Auch die Wurzelgebiete unseres Seins müssen in Gottes reinigende und neuschaffende Hand kommen!« Sein Blick ging, während er so sprach, über das Podium. Leuchtend rote Geranien – die Missionarsfrau hatte sie nach China verpflanzt – zarte chinesische Farne und feingefiederte Zimmerpalmen waren geschmackvoll arrangiert.

Welch herrliche Möglichkeit der Illustration! Schon begleitete die Tat das Wort. John Sung bückte sich und zog mit raschem Griff Pflanze um Pflanze mit den Wurzeln heraus. Erde, Blätter, Pflanzen lagen über das ganze Podium zerstreut. Weder die Analphabeten, noch die des Lesens Kundigen vergaßen je das Bild, und was dazu gesagt worden war! Doch hielt man es in Zukunft für geraten, keinen Blumenschmuck mehr anzubringen, wenn Dr. Sung als Redner vorgesehen war.

Gerne ließ er auch ein Becken mit glühender Holzkohle aufs Podium bringen. Man benützt es in vielen Gegenden Chinas an kalten Tagen statt eines Ofens. Doch John Sung wollte daran das Wirken des heiligen Geistes veranschaulichen. Neben dem Becken lag ein Häuflein Holzkohle, schwarz und kalt – das waren die Christen ohne Gottes heiligen Geist. Die tote Kohle mußte in das glühende Feuer hineingebracht werden, sollte sie ihren Sinn erfüllen. Also auch mußten Christen, wollten sie Gott bezeugen in der Welt ihres Alltags, mit ihm selbst in Berührung sein. Das Feuer seines Geistes mußte sie durchglühen, daß ihre Herzen brennend wurden. Gerne führte er weiter aus, daß die kleinen, zerschlagenen Brocken in kurzer Zeit durchglüht waren, während die großen, ansehnlichen Stücke – Christen, die sich selbst so wichtig nehmen – viel länger dazu brauchten.

Im Laufe der Zeit begannen sich um Dr. Sungs Namen Legenden zu ranken. Nie fehlte es an Stoff für die Unterhaltung, wenn chinesische Christen zusammensaßen und auf Dr. Sung zu sprechen kamen, den großen ‚Eisbrecher', als der er bekannt wurde.

Am Schluß jeden Gottesdienstes wurde dann für alle, die geistlichen Rat suchten, Gelegenheit zum Gespräch oder Gebet gegeben. Auch zwischen den einzelnen Veranstaltungen gab Sung seine Zeit rückhaltlos für persönliche Seelsorge. Tiefgreifende Wirkungen gingen davon aus. Name und Adresse derer, die ihn aufsuchten, wurden sorgfältig notiert und seiner langen Fürbitteliste zugefügt. Sein außergewöhnliches Gedächtnis und die Treue regelmäßiger

Fürbitte ermöglichten es Dr. Sung, Tausende solcher Namen zu behalten.

Vielleicht war der verborgene, priesterliche Dienst das Entscheidende in Dr. Sungs Arbeit und mit ein Grund, daß dieser im Zusammenleben nicht einfache Mann so dankbar geliebt wurde.

Kaum war bekannt geworden, daß Dr. Sung als freier Evangelist reiste, so kamen Bitten von allen Seiten. John war sich noch nicht klar über die nächsten Schritte, doch er erbat und erwartete noch Größeres als bisher. Mehrere Kirchen wetteiferten darin, ihn als ständigen Pastor zu bekommen. Dr. Sung stand wieder in der Entscheidung. Hat doch Gott für jedes Leben einen Plan. Ihn herauszufinden, darauf einzugehen, vielleicht auf dem Wege eines Verzichts, heißt zur Gott gewollten Entfaltung und Fruchtbarkeit kommen. Das ist der heimliche Glanz, der dann über einem Leben ganzer Jüngerschaft liegt. Doch dieser Plan entfaltet sich schrittweise.

Es wäre ja wohl möglich gewesen, daß Gott John Sung auf einen neuen Weg führen wollte. Und diesem lag alles daran, zu erkennen, was Gott von ihm wollte. Lange blieb er ohne letzte Klarheit. Dann betete er: »Herr, wenn du noch immer willst, daß ich ein wandernder Evangelist bleibe, so öffne mir in fünf Provinzen die Tür zum Dienst der Verkündigung. Und gib mir so viel zum Lebensunterhalt (er nannte eine bestimmte Summe), wie ich innerhalb des nächsten Monats für mich und die Meinen brauche.« Dann erhob er sich von den Knien und ging getrost an die Arbeit. Sorgfältig wurde die eingehende Post während der kommenden Tage gelesen und nach Provinzen geordnet. Und siehe – Anfragen kamen aus Kiangsu, Chehkiang, Anhwei, Hopeh und Shantung. Es waren fünf Provinzen! Tag für Tag brachte der grün gekleidete Postmann Einschreibesendungen aus dem mittleren und nördlichen China, ja selbst aus dem harten Grenzland. Die Absender? Sie waren John unbekannt oder hatten ihren Namen nicht genannt. John Sung rechnete, alles zusammen ergab genau die für den ersten Monat erbetene Summe. Wieder kniete der Mann überwältigt an seinem Lager: »Ich gab mich aufs neue meinem treuen und unwandelbaren Herrn hin. Komm Wind, komm Wetter! Ob Sturm, ob Sonne, ich frage nicht danach, solange Gott mit mir ist«, schreibt er ins Tagebuch.

Allein mußte er fortan seine Reise machen. Frank Ling, wohl der einzige ihm völlig gewachsene Übersetzer, war nun nach Bethel zurückgekehrt. In einer der Jangtse-Städte sprach Dr. Sung zum erstenmal ohne Hilfe das Mandarin. Glücklich kam er zu seinem Gastgeber: die Hörer hatten ihn verstanden!

Im Norden und Süden reiste John Sung; Stadt um Stadt lag bald wieder hinter ihm. Amoy im Süden war wohl einer der Höhepunkte. John arbeitete hier zusammen mit englischen Presbyterianern. Von Anfang an war zu spüren, daß die Vorbereitungen betend überlegt und sorgfältig geplant waren. Eine ganze Woche hindurch sprach John dreimal täglich; die einzelnen Veranstaltungen dauerten meist zwei bis drei Stunden. Ein Neuling im Lande fragte, als er davon hörte, etwas entsetzt, wie so etwas denn möglich sei? Lächelnd antwortete der Chinese: »Wenn bei uns im Osten die Menschen kommen, wollen sie auch etwas hören.« Die Einwohner Amoys schienen auf jeden Fall dieser Meinung zu sein. Die größte Kirche der Stadt vermochte die Scharen nicht zu fassen. Man zog in ein rasch errichtetes Mattenzelt und schließlich auf den großen Fußballplatz des englisch-amerikanischen College. Die Hörer drängten sich, und es gingen Wirkungen aus von diesen Tagen. Mehr als tausend an Dr. Sung gerichtete Briefe erzählten von Entscheidungen, von Schritten vertieften Gehorsams und wagenden Glaubens. Jesus Christus stand im Mittelpunkt der Gespräche in den Familien, im offenen Teeladen, in den Geschäften. Die

Besitzer der großen Spielhöllen befiel die Angst. Schon mußte eines der Spielhäuser geschlossen werden. Amoy war nämlich eine Stadt sehr wohlhabender Sünder. Tag und Nacht saßen sie beim Würfelspiel, große Summen Geldes wechselten die Besitzer. Ja, es konnte geschehen, daß ein ganzes Geschäft mitsamt den aufgestapelten Ballen kostbarer Seide in einer Nacht verspielt wurde! Doch nun blieben die Spieltische leer. Die, welche so gerne dran gesessen, hörten Dr. Sung zu. Viele blieben nicht unbeteiligte Hörer, sondern begannen ein neues Leben, befreit von der Leidenschaft des Spiels.

Endlich reiste John Sung weiter zur nächsten Stadt. Doch die Kirchen Amoys blieben weiterhin Sonntag für Sonntag gefüllt. In einer derselben war die Zahl der Hörer genau um das Doppelte gestiegen.

Worüber predigte Dr. Sung, daß die Menschen also gepackt wurden? Ein kleiner Zettel fand 1952 noch seinen Weg aus China heraus; darauf finden wir die Texte, über die Dr. Sung während der letzten Januarwoche 1935 in einer südchinesischen Stadt sprach. So sieht dies Programm aus:

25. Januar	vormittags:	1. Korinther 13, 1–7 Die beiden Herzen: mit und ohne Liebe
	nachmittags:	Lukas 12, 13–21 Der törichte Reiche
	abends:	Johannes 8, 1–11 Die Ehebrecherin
26. Januar	vormittags:	Johannes 3, 1–15 Die neue Geburt
	nachmittags:	Offenbarung 3, 14–22 Laodicea: Weder kalt noch warm
	abends:	Markus 5, 1–20 Der Dämonische

27. Januar	vormittags:	Lukas 10, 25–37 Der barmherzige Samariter
	nachmittags:	Johannes 11, 1–44 Auferweckung des Lazarus
	abends:	Lukas 15, 2–32 Der verlorene Sohn
28. Januar	vormittags:	Apostelgeschichte 2, 1–13 Pfingsten
	nachmittags:	Lukas 3, 1–14 Johannes der Täufer
	abends:	Johannes 4, 1–42 Die Samariterin
29. Januar	vormittags:	Markus 5, 21–34 Jairus Tochter
	nachmittags:	Markus 7, 1–23 Zeremonielle und wahre Verunreinigung
	abends:	Apostelgeschichte 3 Der Mann an der schönen Tür des Tempels
30. Januar	vormittags:	Markus 6, 53–56; Jakobus 5, 14–18; 1. Petrus 4, 7–11 Heilungsgottesdienst
	nachmittags:	1. Mose 6, 5–8; 22 Noah und die Flut
	abends:	Matthäus 5, 1–12 Die Seligpreisungen
31. Januar	vormittags:	Offenbarung 6, 1–17 Die sieben Siegel und das zweite Kommen Jesu

Aus dem kleinen Blatt wird ersichtlich, daß Dr. Sung mit Vorliebe einen durchgehenden Kommentar zu einem längeren Schriftabschnitt gab. Schon im Sanatorium waren ihm die großen Linien und Zusammenhänge des geoffenbarten

Worts aufgegangen. Was er betend erkannt und geschaut, gab er quellfrisch und gegenwartsnah weiter.

Gewiß, man warf Dr. Sung mit Recht vor, daß sein Angriff gegen leitende, christliche Männer der Gemeinde oft zu scharf war. Und auch das geschah ein paarmal, daß junge Leute in solche Begeisterung gerieten, daß sie ihrem Helden an den nächsten Ort nachzogen, statt zu ihrer Schule zurückzukehren.

Im ganzen aber zeigt sich uns das Bild überreich erhörten Gebets und ein in die Tiefe gehendes Werk des heiligen Geistes. Die Stimme, die in der geistlichen Dürre chinesischer Städte ausrief: »Bereitet dem Herrn den Weg«, war die authentische Stimme eines Propheten. Von überall her kam die Antwort in Gestalt der Frage: »Was sollen wir tun?«

...UND HEILET DIE KRANKEN

War Jesus Christus wirklich *der* Herr, so fragten sich Christen in China, mußten ihm dann nicht auch die Mächte der Krankheit untertan sein? Die Errettung, die dieser Herr und Heiland brachte, mußte doch wohl den ganzen Menschen erfassen und nicht nur seine Seele.

Aus solchen Erkenntnissen heraus gehört das Gebet für die Kranken viel selbstverständlicher und natürlicher als bei uns zum Leben chinesischer Christen. So oft wurden sie erhört, daß sie Wunder erwarten. Und sie geschehen. »Wenn Jesus einst am See Genezareth die Kranken heilte, warum sollte er es nicht heute auch noch tun?« so wurde der Missionar gefragt, der besorgt an Aberglauben oder Unnüchternheit dachte. Gegen solche Logik war nichts zu sagen. Er erlebte dann auch mit seiner Gemeinde, daß die Christen mit dem inneren Wachstum und Heimischwerden in Gottes Wort sprechen lernten: »Ob krank oder gesund, daß nur Gottes

Wille in meinem Leben geschehe. Was er tut, ist immer das Beste.«

Vereinzelt erlebte Dr. Sung schon zu Anfang seiner Tätigkeit Heilungen als Antwort auf glaubendes Gebet. Doch erst 1932 richtete er zum ersten Male in Kowloon bei Hongkong einen Heilungsgottesdienst für Kranke ein. Ungewollt und ungesucht war die Bitte an ihn und seine Mitarbeiter gekommen. Er erzählt selbst davon: »Kranke aller Art kamen mit ihren Schmerzen und suchten Hilfe durch die Fürbitte. Was konnten wir tun? Wir fragten einander: Wie würde wohl Jesus handeln, wäre er in der Schar dieser oft so hilflos Leidenden? Die Antwort schien eindeutig. Wir luden daher etwa fünfzig Kranke zu einer besonderen Veranstaltung ein.«

Wohin er in der Folgezeit kam, wiederholte sich dieselbe Bitte. Schließlich hielt er es so, daß er an einem der letzten Tage einer Evangelisationswoche einen Heilungsgottesdienst einfügte. Die ‚Gabe der Heilung' hat er jedoch nie für sich beansprucht. Es herrschte bei diesen Gottesdiensten eine große Nüchternheit. Die Kranken erhielten Karten, auf denen sie Name, Adresse und Art der Krankheit eintrugen. Das einleitende Gebet und die folgende Ansprache stellte alle Anwesenden vor Gottes Angesicht. Immer wurden Menschen zur Buße und zum lebendigen Glauben gerufen.

Meist befand sich eine Gruppe betender Christen hinter dem Podium. Nach der Vorlesung von Jakobus 5, 14 bis 16 wies John Sung auf sich und begann mit folgenden Worten: »Hier ist der Älteste der Kirche. Ich stehe vor euch im Namen meines Herrn und nicht in eigener Kraft. Ich besitze keinerlei magische Hände. Darum erwartet nichts von mir, sondern alles von Jesus Christus, der neben mir steht und dessen Diener ich bin.

Trotz der Heilungen, die Jesus Christus gewirkt hat, vermag ich nicht zu garantieren, daß ihr alle gesund werdet. Auch Jesus hatte während seines Erdenlebens nicht immer des Vaters Erlaubnis, den Gang der äußeren Krankheit zu durchbrechen. Wieviel weniger seine Knechte!«

Nach dieser Einleitung wurden dann alle Kranken namentlich aufgerufen: Blinde und Gebrechliche, Menschen, behaftet mit Krankheit aller Art, einer nach dem andern trat heran und stand kurz vor John Sung still, während dieser in Anlehnung an Jakobus 5 ein wenig Öl über die Stirn des Kranken strich. Oft sprach John Sung dabei einen Bibelvers. Die Geheilten wurden mit der Weisung entlassen: »Erzähle, wie große Dinge dir der Herr getan hat.« Doch sollte dies nur in einem kurzen Satz geschehen: »Der Herr segnete mich«, oder »der Herr heilte mich«.

In späteren Jahren erzählte John Sung einmal, daß er selbst nicht immer den Glauben hatte, für Kranke um Heilung zu beten. Erst unter bitteren Kämpfen sei er dazu geführt worden:

»Als ich in China erstmalig für die Kranken betete, wagte ich nach dem Amen kaum die Augen zu öffnen. Hatte Gott erhört? War es nicht eine tollkühne Anmaßung meinerseits? Würde ich nicht als Kurpfuscher vor all diesen schlichten, gläubigen Menschen stehen? Wäre es nicht klüger gewesen, dies ganze Experiment zu unterlassen? Oh, wie schäme ich mich heute dieser zweifelnden Gedanken. Die unerklärliche Kraft Gottes war am Werke gewesen und das Lob Gottes strömte von den Lippen geheilter und von Süchten befreiter Menschen.«

Ein Mann, der heute in Manila arbeitet, hat die folgenden Heilungen (und andere hier nicht erwähnte) selbst beobachtet und weiter verfolgt. Sie ereigneten sich 1935 in Goldbrunnendorf, in der Nähe von Amoy.

Dort lebte mitten im Dorf eine eifrige Buddhistin. Um Mitternacht erhob sie sich von ihrem Lager und meditierte. In der frühen Morgenstunde erklang ihr eintöniges Murmeln, wenn sie buddhistische Schriften las. Streng hielt sie die Gelübde: Nichts Lebendes durfte getötet werden. Darum genoß sie schon seit 25 Jahren kein Fleisch oder tierisches Fett. Mit guten Werken wollte sie sich selbst erlösen und ‚einen Weg ins nächste Leben bauen'. Doch immer wieder schienen böse Geister ihr Leben zu bedrohen. Sie mußte sich weiter sichern, Tag und Nacht brannten die Räucherstäbchen. Sie opferte den Geistern des Himmels und der Erde, des Wassers und der Luft und natürlich den Ahnen. Trotzdem war sie seit drei Jahren fast blind. Es war so dunkel um sie und in ihr. In dieser Lage hörte sie, daß Dr. Sung käme. Man erzählte sich so viel von ihm! Sie mußte ihn hören und erproben! Abend für Abend ließ sich die vornehme Frau in einer Sänfte nach Amoy tragen. Sie hörte, zweifelte, mußte wieder hören. Sie hätte gerne geglaubt. Aber all ihre Verdienste aufgeben und alles auf Jesus wagen? Unmöglich! Das Risiko schien zu groß. Doch je länger sie hörte, desto mehr wuchs ihr Vertrauen. Sie wollte Christin werden. Als am Schluß ein Heilungsgottesdienst stattfand, ging auch sie in der Reihe der Kranken an Dr. Sung vorüber. »Halleluja, lobe den Herren!« rief er ihr zu. Und Frau Chua sah zum ersten Male nach drei Jahren wieder das volle Tageslicht. Als sie nach Hause kam, nahm sie die Bibel ihres Sohnes und las darin. Bald wurden der Götze, die buddhistischen Schriften und die Räucherstäbchen verbrannt. Später wanderte die ganze Familie nach Manila aus. Frau Chua wurde dort eine Künderin der Kraft Jesu, strahlend in einem fröhlichen Glauben trotz vieler Trübsal.

Eine andere unter den Hörern in Amoy war Christin und trug eine schwere Last. Ihr Vater lag daheim mit einer langwierigen und quälenden Nierenentzündung. Zur Linderung der Schmerzen hatte er nach der Opiumpfeife gegriffen und war nun dem Gift verfallen. Er lag und rauchte von früh bis spät. Es war schwierig, den Mann zum Kommen zu bewegen. Doch eines Tages saß er in der hintersten Reihe. Fortan nahm er an den Versammlungen teil. Auch er wurde geheilt, nicht nur von der Krankheit, sondern auch von der Sucht.

Aber nun begann ein anderer Kampf. Zu Hause hatte der Genesene einen großen Vorrat Opium liegen. Ein sehr wertvolles Gut! »Verbrannt muß es werden«, sagten die Söhne und Töchter, »es soll niemand mehr schaden!« Der Alte geriet außer sich. Im Stillen hatte er schon eine schöne Summe errechnet, die der Verkauf einbringen würde. Natürlich mußte man heimlich verkaufen. Opium war von der Regierung verboten. Aber da gab es tausend Mittel und Wege. Und nun sollte alles vernichtet werden? Nicht, solange er etwas zu sagen hatte! Der Mann tobte, bis er ohnmächtig wurde. Lange lag er so. Als er zu sich kam, erzählte er einen Traum, der Gottes warnende Stimme für ihn wurde. Dunkel glühend verkohlte das Opium, als es nun mit der vollen Einwilligung des Vaters verbrannt wurde. Wahrlich, Gefangene werden frei und Blinde sehend!

Und den Armen wird das Evangelium gepredigt. Ganz am Rande des Goldbrunnendorfes unter einem mächtigen Banyanenbaum stand eine dürftige Lehmhütte. Dort wohnte ein Aussätziger. Die Krankheit war fortgeschritten. Man mied ihn; nur seine Frau, eine Christin, hielt treulich bei ihm aus. Huang Da-niang, wie sie genannt wurde, arbeitete bis an die Grenzen ihrer Kraft, um sich und den Mann von den Erzeugnissen der kärglichen Äcker zu ernähren. Sojabohnen, Erdnüsse, Zuckerrohr und Bohnenkerne verkaufte sie je nach der Jahreszeit. Doch es wollte kaum reichen, und ein Diebstahl brachte sie noch um die letzten Reste ihres Besitzes. Müde und abgekämpft schleppte sich Huang Da-niang am Abend zu Dr. Sungs Vortrag. Doch sie wurde bald von Schwäche übermannt und sank in tiefe Bewußtlosigkeit: Engel traten zu ihr, so berichtete sie nachher, und wollten sie zur himmlischen Heimat geleiten. »Ach«, sprach Huang Da-niang in ihrem Traum zu den Engeln, »um meines kranken Mannes willen sollte ich noch ein wenig länger in dieser Welt weilen.« Worauf sie die Zusicherung erhielt, daß sie und ihr Mann geheilt würden. Neue Kraft durchströmte ihren Körper; und als Dr. Sung später für ihren Mann betete, kam die Krankheit zum Stillstand, die Schwellungen am ganzen Körper gingen allmählich zurück. Nur die Narben der früheren Wunden blieben. Der Mann lebte noch mehrere Jahre ohne Beschwerden. Sein Sterben war ein gewisser Eingang in die von Gott bereitete Heimat: »Nun kommt Gottes Sohn in fleckenlosem Weiß und holt mich nach Hause!« rief er aus und schlief ein.

Dies waren keine Einzelfälle. Es gefiel Gott, durch Dr. Sungs glaubende Fürbitte auch an anderen Orten Kranke zu heilen.

»Andere aber ...« steht im Hebräerbrief von denen, die keine sichtbaren Wunder erleben, sondern an Gott festhalten im Leiden, in der Verfolgung, unter dem Druck. Dies ist das gottgewollte Wunder ihres Lebens.

»Andere aber ...« hieß es auch bei der großen Schar, die sich Heilung suchend um Dr. Sung drängte. Ihrer viele blieben krank. John Sung erlebte Enttäuschungen auch in Fällen, in denen die Kranken und die Öffentlichkeit große Erwartungen hegten.

John Sung selber war sich der Gefahren wohl bewußt. Er wußte, wie rasch sich Suggestion und Aberglaube bei Krankenheilungen einschleichen. Dennoch behielt er die Heilungsgottesdienste bei. Sie hatten aber eine durchaus untergeordnete Stellung und waren für ihn ein schlichtes Tun des Gehorsams und eine weitere Gelegenheit der Verkündigung. Gefiel es Gott, dem einen und andern dabei auch leibliche Gesundheit zu schenken, so gab er ihm die Ehre.

Vielen aber, die nichts begehrt hatten, als gesund zu werden, begegnete der lebendige Herr. Das allein aber war wesentlich.

III

TEILHABER AM LEIDEN UND AM REICH

Der Herr hat ein Reich angefangen,
soweit die Welt ist, und zugerichtet,
daß es bleiben soll.

Psalm 93, 1

»Manila, 16. Januar 1935«, stand auf dem Kopf des Briefs. John las ihn und sein Herz brannte! Gottes Stunde war gekommen! Lange hatte er warten müssen. Und jedesmal bedeutete dies Warten tiefere Reinigung und weitere Schau. So soll es ja wohl sein im Jüngerleben. Wartezeiten sind nicht Zeichen von Gelähmtsein, sondern möchten erfüllt sein von einem Fragen, Lauschen, von einem Sich-bereitmachen, herauszutreten aus dem Gefesseltsein an eigene Vorstellungen und Ziele und hineinzuschreiten in die Lebenswirklichkeit, zu der Gott uns beruft. Aus solch aktivem Warten heraus entsteht ein Gemerke für Gottes Führung. Deshalb auch wartete John nicht mehr länger. Er wußte, nun durfte er handeln. Der schon lange innerlich erschaute Weg über die Grenze des chinesischen Festlandes hinaus war frei! Er durfte der in dem Brief ausgesprochenen Bitte, im Juni auf den Philippinen zu arbeiten, willfahren.

Dr. Sung griff zum Atlas. Vor ihm lag der breite Inselgürtel, dessen zerklüftete Ufer das Südchinesische Meer begrenzen. Halbmondförmig zieht sich das Inselreich, das John Sung für seine Missionsreisen wichtig war, von den Philippinen hinüber nach der malaiischen Halbinsel und Thailand (Siam), um dort wieder ins asiatische Festland überzugehen.

»Borneo, Sumatra, Celebes, Java«, einen Namen nach dem andern sprach der über die Karte gebeugte Mann vor sich hin. Und dabei dachte er schon an die Städte auf den Inseln, in denen Chinesen in großer Zahl in Kolonien wohnten und arbeiteten.

Weit, schwer zugänglich und ungeheuer reich an Bodenschätzen ist das Land der tausend Inseln, das heutige Indonesien. Große Gummibaumplantagen liefern ein Drittel des in der gesamten Welt benötigten Gummis. Zinn, Gewürze,

Zucker, Öl, Kaffee, Kopra, Pfeffer und Chinin kommen von dort. Zwanzig lange Meilen fährt das Auto über Javas Hochebene durch gut gepflegte Teeplantagen. Gleich einem Teppich breiten sich die Büsche über die Hänge.

Schon seit Jahrhunderten zog dies reiche Land das übervölkerte China mächtig an, zumal die Einwohner der Provinzen Fukien und Kwangtung ein unternehmendes und mit der See vertrautes Volk sind. In Sambas, der alten Stadt auf Westborneo, befindet sich z. B. schon seit tausend Jahren eine chinesische Niederlassung. Zahlreiche Chinesen finden sich in den größeren Städten Javas und Sumatras. Auf ihrer Suche nach Wohlstand und Glück wanderten sie nach Celebes und den Molukken. Kommt man von Singapur nach Malaya und weiter nach Siam, Burma und Indochina, so sind die Straßen der Städte bevölkert von Chinesen, die entweder schon lange Heimatrecht fanden oder während der letzten Jahre nach dort einwanderten, getrieben von der Not oder der Hoffnung auf Glück. Die Gesamtzahl der chinesischen Bevölkerung in den erwähnten Gebieten wird auf zehn Millionen * berechnet. Natürlich machten sich viele dieser Emigranten die Sprache ihres Wahllandes zu eigen. Doch behielten sie nicht selten innerhalb der Familie und der religiösen oder kirchlichen Gemeinschaft ihre Mundart bei. Das ist für die aus Süd-Fukien Zugewanderten das Hokkien, während die aus der Kwangtungprovinz Hakka oder Kantonesisch sprechen.

Die Christen unter den Ausgewanderten trugen ihre Bibel mit sich. Um das Licht, das sie in oft so schwachen Glaubenshänden hielten, sammelten sich hin und wieder chinesische Gemeinden. Sie unterhielten lebhafte Beziehungen zum Mutterland, und alles, was dort geschah, fand seinen Widerhall bei den Chinesen der ‚Nanyang' (Südliches Meer).

Als Dr. Sung 1935 in Manila an Land ging, wußte er nicht, welche Auswirkungen sein Dienst haben würde. Eines

* Victor Purcell in: The Chinese in South-East Asia.

aber war ihm klar: Auch hier sollten freiwillige Evangelisationstrupps unter geeigneter Leitung das Evangelium ins Innere tragen. »Einer sage die Botschaft dem andern« war die Losung. In Manila entstand damals die ‚Evangelistic Band Organisation'. Man hörte lange nichts mehr von ihr, denn der Krieg ging über die Inseln. Doch als achtzehn Jahre später Missionare der China-Inland-Mission auf Einladung Chinesischer Christen nach Manila kamen, war die Gruppe noch immer aktiv. Sie war aber so gewachsen, daß sie nicht wiederzuerkennen war. Bestand sie doch nun aus zehn Abteilungen, deren jede ihre eigene Leitung und Verantwortung hatte. Ihre Mitglieder gingen in die Hospitäler und Gefängnisse, riefen das Evangelium über die Radiosender hinein in die Welt und sagten es schlicht weiter bei Hausbesuchen und Nachbarschafts-Evangelisationen, auf den Straßen und in den Schulen. Sie bereiteten Evangelisationen vor und übernahmen ihr Teil Verantwortung bei den Gottesdiensten – eine bewegliche und wirkungsvolle Zeugenschar.

»Nicht wenige der innerlich lebendigen chinesischen Christen hier sind eine Frucht von John Sungs Verkündigung«, schreibt 1954 ein Missionar, nachdem er weite Gebiete der Philippinen bereist hatte.

Dr. Sung sprach zum Mann von der Straße. Doch Gott rief durch seine Stimme auch solche Menschen, die angesehene und gutbezahlte Posten innehatten. Viele blieben in ihren Positionen, andere holte Gott weg von allem, was ihnen bis dahin das Leben zu sein schien und stellte sie in einen reichen Dienst der Verkündigung. So auch in Manila.

Eingepreßt in die Menge saß schweißtriefend und mit zurückgeworfenem Kopf der chinesische Generalkonsul, der in Manila seinen Sitz hatte. Er wunderte sich selbst, daß er da war. So etwas lag dem Manne nicht, der in Peking, Singapur und nun in Manila ein Leben voll Vergnügungen und Verirrungen geführt hatte. Er trank und spielte in großem Stil, das heißt, er konnte es sich leisten, in einer einzigen Spielrunde 180 000 Hongkong-Dollar zu verlieren. Seine erste Frau war darüber gestorben. Und nun saß seine zweite Frau neben ihm. Wie hübsch sie aussah im pfirsichfarbenen Seidengewand mit dem glänzend schwarzen, kunstvoll angeordneten Haar. Sie hatte ihn überredet, mitzukommen und Dr. Sung zu hören. Ihr zuliebe saß er da. Buße jedoch war ein Weg, der ihn viel zu hart dünkte. Er zog es vor, auch in Nanking, wohin er bald darauf versetzt wurde, ebenso zügellos weiterzuleben. Bibellesen, beten, wie es seine Frau nun regelmäßig inmitten des schlüpfrigen Lebens ihrer Umgebung tat, schien ihm eine lächerliche, gänzlich nutzlose Angelegenheit. Doch seine Frau besaß eine Kraft, die ihm fremd war. Manchmal dachte er sogar, es müßte gut sein, sie auch zu besitzen. Deshalb saß der Generalkonsul, als Dr. Sung nach seiner Rückkehr nach China in Nanking Evangelisationsvorträge hielt, wieder unter den Hörern. Dieses Mal trat er ein in die Nachfolge Jesu. Sein Leben ward neu. Heute ist der einstige Generalkonsul Vorsteher eines neu eröffneten theologischen Seminars auf Java. Niemand würde hinter dem schlichten und demütigen Manne eine solche Vergangenheit vermuten.

Von bleibender Bedeutung war es, daß John Sung sofort an die biblische Weiterführung der neu Gewonnenen dachte. Ihrer zwölf finden wir im Juli des folgenden Jahres unter den Teilnehmern einer kurzfristigen Bibelschule auf dem chinesischen Festland, darunter eine junge Frau, die heute die Direktorin einer großen Schule Manilas ist und führend in der christlichen Arbeit auf den Philippinen steht.

Singapur! Der Dampfer legte in einem der großen Brennpunkte Ostasiens an. Ein buntes Bild entfaltete sich vor Johns Augen. In farbenfrohen Sarongs schritten malaiische Frauen vorüber. Die Malaien leben zum großen Teil am Rande der Stadt. Im Zentrum aber arbeiten in Fabriken und Büros vor allem Chinesen. Auch in den unzähligen Geschäften sind die Besitzer fast ausnahmslos Chinesen. Die schöne

Stadt zählt eine Million Einwohner und über die Hälfte sind Chinesen. Sie lebt vom Handel. Fülle, Reichtum und Schönheit dreier Erdteile begegnen sich dort. Singapur ist eine reiche Stadt. Auch die Religionen haben ihren Raum: Hindus, Buddhisten, Mohammedaner haben eindrucksvolle Anbetungsstätten. Klein ist im Vergleich die Zahl der Christen, klein auch die chinesische Gemeinde, die Dr. Sung mit großer Wärme aufnahm. Was sollte er predigen, angesichts der Mauern flacher Diesseitigkeit und faszinierender Religiosität? Einen Augenblick war er unsicher. Aber schon glühte das Auge wieder, der Schritt straffte sich: die Botschaft vom Kreuz und nichts anderes würde er hier ebenso wie an anderen Orten verkündigen. Und bis heute sind die Auswirkungen zu spüren.

Über den schmalen Meeresarm hinüber, der Singapur vom Festland trennt, kam Dr. Sung nach Malaya. Durch Ananas- und Gummibaumplantagen führte der Weg zur Südwestküste und tief ins Innere der Halbinsel. In Kota Bahru an der Ostküste und in Sitiawan/Perak im Westen, in kleineren und größeren Niederlassungen, überall warteten chinesische Christen, die inmitten der mohammedanischen Übermacht lebten, auf Stärkung. Überall lebten aber auch wohlhabende Chinesen, die sich bis dahin nur um ihre Geschäfte gekümmert hatten. Sie hielten den Handel Malayas und damit den Reichtum des Landes in Händen. John Sung wußte sich ihnen allen verpflichtet. Sie hatten alle ein Anrecht, das Wort des Lebens zu hören.

Eine große Glaubenskonferenz vereinigte am Schluß dieser Reise die chinesischen Christen Malayas in Singapur. Dann geleiteten sie Dr. Sung zum Schiff, das ihn nach China brachte. Die Schar war zu groß, um an Deck des Dampfers Platz zu finden. So kamen sie in einem langen Zug nacheinander den Landungssteg herauf, nahmen Abschied von Dr. Sung und gingen auf dem zweiten Steg wieder an Land. Ein langes, verhallendes Tuten, die Ankerketten wurden rasselnd hochgezogen. Langsam glitt der Dampfer in die offene See. John Sung war tief bewegt, als er die etwa tausend winkenden und rufenden Menschen noch immer dastehen sah; denn viele von ihnen hatten bei der kleinen Zahl von Zeugen des Evangeliums wenig Möglichkeit geistlicher Pflege. Und sofort beschloß er, bald nach seiner Rückkehr eine weitere kurzfristige Bibelschule abzuhalten, dieses Mal in Amoy.

Das Osterfest 1936 erlebte Dr. Sung auf Formosa, ‚der schönen Insel'. Sie stand damals unter japanischer Herrschaft. Natürlich erregte der Mann, der in den Städten Taipeh, Tainan und Taichung die Chinesen in solcher Zahl sammelte, immer Verdacht. Doch fanden die großen Versammlungen ungestört statt. Die Taufklassen füllten sich; es war Gottes Zeit, und Menschen konnten sein Tun nicht hindern. Drei Jahre später wurde jede ähnliche Arbeit streng verboten, doch der damals ausgestreute Same wuchs und trägt bis heute Frucht.

Neue Eindrücke, neue Pläne brachte Dr. Sung mit, als er zu seiner Familie nach Shanghai zurückkehrte. Shanghai, die Riesenstadt, zog ihn an und forderte, so oft er dort war, seinen Dienst.

Sieben Missionsreisen machte John Sung im Laufe weniger Jahre in Ostasien. In gleicher Intensität jedoch galt sein Dienst zwischen den Reisen in der ‚Nanyang' den Gemeinden Chinas.

John Sung war mit brennendem Herzen und wachen Sinnen unterwegs. Im Norden und Süden Chinas hatte er einzelne Städte schon zwei-, drei-, vier- oder fünfmal besucht. Manches, was er sah, beschwerte ihn. In einigen Gemeinden schien das Feuer, das einst hell gebrannt, dem Erlöschen nahe. Es fehlte ihm die Nahrung. In anderen geisterten sektiererische Irrlichter. Gewannen sie nicht aus demselben Grunde oft so rasch an Boden? Der Hunger nach einem Leben der Überwindung war wohl da. Doch es fehlte der feste Grund einer in die Tiefe führenden Schriftkenntnis. Auf Tausende von Menschen kamen ja sehr oft nur ein oder zwei Verkündiger des Evangeliums, viele große Dörfer waren deshalb häufig sich selbst überlassen, lagen sie doch nicht selten halbe oder ganze Tagereisen weit auseinander.

John aber war nicht der Mann, die Lage zu beklagen. An der Bedrängnis wuchs der Glaube. Der Plan, beim Abschied von Singapur geschaut, gewann rasch Gestalt: John Sung und ein Komitee, das ihm zur Seite stand, luden im Juli 1938 zu einer kurzfristigen Bibelschule in Amoy ein.

Natürlich stand dort Dr. Sungs Besuch noch in lebhaftester Erinnerung, dennoch hätte niemand gedacht, daß nun 1600 Delegierte dorthin kommen würden, zu keinem andern Zweck, als sich einen vollen Monat lang in Gottes Wort unterweisen zu lassen. Sie kamen von den Gemeinden in Harbin, Peking, Nanking, Shanghai, Hankow und Foochow. Auch Formosa, Singapur, Penang, Malaya und die Philippinen hatten Vertretungen gesandt. Ein Gewirr der Sprachen, doch alle eines in Christus und alle dankbar, von dem Manne unterwiesen zu werden, dem sie nächst Gott ihr geistliches Leben verdankten.

Hier hielt John Sung weder Evangelisations- noch Erweckungsvorträge. Er teilte das Wort Gottes aus als ein ‚Schriftgelehrter'. Einzelne seiner Ideen waren willkürlich und unhaltbar, traten aber völlig zurück, wenn er seine Hörer mit dem Inhalt der Schrift vertraut machte. Seine Studien im Nervensanatorium Amerikas hatten ihm einen Eindruck der großen Zusammenhänge biblischer Offenbarung vermittelt. Daher liebte er es, seine Zuhörer durch ganze Kapitel und biblische Bücher zu führen, indem er zu jedem Kapitel einen Leitgedanken als Schlüssel gab.

»Kein neuer Weg«, erklärt Frank Ling, »andere taten das schon vor ihm. Aber wie trocken war es, wie langweilig für die Hörer! Doch nie wurde man angeödet, wenn Dr. Sung die Schrift auslegte! Die Menschen gewannen durch seine Unterweisung eine große Freude, das Wort selbst zu erforschen. Wo immer Dr. Sung gewesen war, hatten die Bibelgesellschaften ihre Vorräte bald ausverkauft und mußten dringende Telegramme um neue Vorräte an ihre Depots aufgeben.«

Am Eröffnungsabend in Amoy war Dr. Sungs erste Ansprache eine Auslegung zu 1. Timotheus 1, 3–20 unter folgenden Unterthemen:

1. Unterscheidet Wahrheit und Irrtum (Vers 3 und 4)
2. Trachtet nach der Liebe (Vers 5)
3. Strebet nach der Demut (Vers 6–11)
4. Gebt Gott die Ehre (Vers 17)
5. Kämpfet den guten Kampf (Vers 12–18)
6. Bewahret ein gutes Gewissen (Vers 19–20).

Das Thermometer zeigte zwischen 32–34 Grad Celsius im Schatten; die Luft war schwer von Feuchtigkeit. Deshalb kam man von 7.30 bis 11 Uhr an den Vormittagen und von 19 bis 22.30 Uhr an den Abenden zu intensivem Studium zusammen.

Die Ansprachen wurden wortgetreu nachgeschrieben und erschienen im selben Jahre im Druck. 1952 wurden sie auf Formosa neu herausgegeben. So blieb uns auch das abschließende Wort Dr. Sungs erhalten: »Meine geliebten Brüder und Schwestern! Unsere Arbeit dieser dreißig Tage ist beendet. Vor Gott und Menschen habe ich ein gutes Gewissen, denn ich habe euch alles verkündigt, was Gott mir auftrug. Zu Beginn fürchtete ich, daß die physischen Kräfte von Redner und Übersetzer nicht ausreichen würden. Aber heute abend sind wir noch immer im Stande, hier vor euch zu stehen. Innerhalb eines Monats erlaubte uns Gott, die ganze Bibel, Buch um Buch, kennenzulernen. Und nun ist diese Bibel euer, daß ihr sie mit nach Hause nehmt. Ich konnte euch nur einen Schlüssel in die Hand geben. Jetzt müßt ihr das Wort selbst weiter studieren und durchforschen.

Es ist voll verborgener Schätze. Und möge der Herr euch in diesen letzten Tagen voll und ganz als gute Streiter brauchen! Ich weiß nicht, wann ich sterben werde; aber an jedem Tage, den ich noch lebe, muß ich die Aufgabe dieses Tages erfüllen, indem ich weitergebe, was der Herr mir anvertraute. Sterbe ich dann, werde ich Gott im Frieden schauen. Während dieser dreißig Tage erzitterte ich unter der Verantwortung, euch das Wort Gottes recht auszulegen.

Und nun ist mein Werk beendet. Ihr müßt nach Hause fahren, und ich vermag nur, für euch zu beten und zu vertrauen, daß die Arbeit viel Frucht bringen wird. ‚Die mit Tränen säen, werden mit Freuden ernten.'

Ich glaube gewiß, daß Gott keinesfalls zulassen wird, daß diese Arbeit vergeblich war. Trotz Widerstand und Verleumdung habe ich ein gutes Gewissen vor Gott und Menschen. Ich tat nichts, als das Evangelium mit allen Kräften zu verkünden und trachtete nach keinerlei Lohn. Beinahe kommt es mir so vor, als sei ich einen Monat lang in Haft gewesen. Viele wollten mich sprechen und ich muß mich entschuldigen, daß ich euch nicht so empfangen konnte, wie es sich gehört hätte. Es war mir einfach nicht möglich. Ich war zu beschäftigt, um Gespräche zu führen. Ich hatte ja die geistliche Nahrung vorzubereiten, die ich euch darreichen wollte. Nicht einmal für die Briefe, die ich erhielt, fand ich Zeit. Ich werde sie auf dem Dampfer lesen. Gott segne euch! Er bringe euch heim, damit ihr sein Wort reichlich lest.

Umsonst habt ihrs empfangen, umsonst gebt es auch.

Teilt die Gnade, die ihr empfangen habt, mit vielen anderen. Je mehr ihr gebt, desto mehr wird euch zuströmen! Je weniger ihr anderen weiterreicht, desto ärmer werdet ihr euch eines Tages finden. Und nun sei Gott mit euch, bis zum Tage der Wiederkunft unseres Herrn. Amen.«

Ohne an Ruhe zu denken, arbeitete John Sung weiter in Canton, Hongkong und Kowloon und fuhr dann über Singapur nach Sarawak, dem Küstenstreifen im Nordwesten Borneos. Dort waren schon seit Jahrhunderten chinesische Niederlassungen. Es war eine Arbeit nach dem Herzen Johns. Und selbst jenes entlegene Urwaldgebiet blieb nach seinem Weggang nicht ohne die Gruppen freiwilliger Helfer.

Kurz vor Weihnachten begab sich John nach einer abschließenden Konferenz in Singapur an Bord der Conte Verde, die ihn nach Shanghai zurückbringen sollte. Die lebhafte Verabschiedung und die große Menschenmenge erregte die Aufmerksamkeit eines Journalisten. Die ,Strait Times' brachte am nächsten Morgen seinen Bericht: »Ein junger Chinese stand gestern in der Halle des italienischen Dampfers Conte Verde, umgeben von einer sichtlich bewegten Schar. Es war der Evangelist John Sung, der nach seiner zweiten Evangelisationsreise von Singapur nach China zurückfuhr. Über tausend Christen begleiteten ihn, einige trugen die kleinen Wimpel der Evangelisationsgruppen. Die Menschen überfluteten die Werft, das Deck und die Gesellschaftsräume des Dampfers. Dr. Sung hielt eine kurze Ansprache, die Leute sangen und lächelten tapfer, aber über die Hälfte weinten dabei. Sie verabschiedeten sich von einem Manne, durch den Tausende von Chinesen Christen geworden waren, einem Manne, der einst in ein Nervensanatorium eingeschlossen war und der nun der große Evangelist Chinas und der Chinesen ist.

Sung ist ein Mann, der von sich und dem Christentum reden macht durch eine Art, die nicht an herkömmliche Formeln gebunden ist und orthodoxe Menschen immer aufregt. Gestern beobachtete ich ihn an Bord des Conte Verde; Hunderte von Chinesen aus Singapur umgaben ihn – Männer und Frauen aus der Arbeiterbevölkerung, eine gute Mischung junger Burschen und gut aussehender Mädchen. In kurzer Zeit hatte er die Dampferhalle in einen improvisierten Evangelisationsraum verwandelt.

Seine Begleiter, die Abzeichen und Wimpel der ‚Chinese Christian Evangelistic Band' trugen, wandten kaum einen Blick von ihm. Nach der kurzen Ansprache redete er nur noch wenig und dann meist ein persönliches Wort zu einem der Umstehenden. Von Zeit zu Zeit stimmte jemand ein chinesisches Lied an, das von allen aufgenommen wurde. Reisende, Stewards, Werftbeamte und Schiffsoffiziere lauschten in Verwunderung. Doch am meisten staunten wohl einige katholische Priester, die von Rom kamen und zu ihren Stationen im fernen Osten zurückkehrten. Ich beobachtete ferner zwei Nonnen, die – durch die Wimpel mit dem Kreuz angezogen – herbeikamen, um zu sehen, was dies alles zu bedeuten habe. Sicher konnten sie den jungen Dr. Sung, von dem jeder sprach, nicht identifizieren, denn er glich eher einem Tennisspieler als einem Evangelisten.«

Die erste Hälfte des schicksalschweren Jahres 1937 war beinahe vorüber. China erbebte in banger Erwartung des drohenden Krieges mit Japan. John Sung mag geahnt haben, daß die Zeit kurz war. Und er war entschlossen, jeden Tag zu nützen.

Wie immer blühte um diese Zeit Tschih-li-schiang oder Siebenmeilenduft, die weiße, wilde Rose, in dichten Büscheln am Wegrand. Berg und Tal erfüllte ihr Wohlgeruch, als John Sung wieder unterwegs war nach dem Norden. In Tayuanfu, der Hauptstadt der Provinz Shansi, hatte er einen Dienst. Eine kleine Begebenheit läßt erkennen, wie er im eigenen Leben der formenden Arbeit von Gottes Meisterhänden Raum gab.

Der Eröffnungsabend fand etwa tausend Menschen aus allen Teilen der Provinz im großen Zelt vereint. Doch unter all den Gesichtern erkannte John schon an diesem

Abend einige Christen aus Pingyao, der Stadt, in der er 1933 Versammlungen gehalten hatte. Es stand ihm sofort wieder vor Augen, wie sich damals diese einer älteren, sehr konventionellen Generation zugehörenden Christen an seiner freien und schroffen Art gestoßen hatten. Nun erbat er ihre Verzeihung: »Als ich 1933 unter euch weilte, ließ ich meiner Art zu sehr die Zügel schießen. Aber ich hoffe, ihr dürft dieses Mal erkennen, daß Gottes Geist auch mich verwandelt.«

Der Weg war frei, Gott konnte in Taiyuan Wunder der Gnade wirken, die sich bei nicht wenigen bis ins Leibesleben hinein befreiend auswirkten. Über die unwirtlichen Berge dieser schwer zugänglichen Provinz trugen die Heimkehrenden die Botschaft von Jesu umgestaltender Macht.

Am 5. Juli 1937 war die Schlußversammlung in Taiyuan, zwei Tage vor der berüchtigten ‚Doppel-Sieben', jenem 7. Juli, an dem auf der Marco-Polo-Brücke außerhalb Pekings jene verhängnisvollen Schüsse fielen, die den Chinesisch-Japanischen Krieg auslösten. Überall war die Erregung groß, so daß John Sung nicht – wie beabsichtigt – weiter nach Peking fuhr, sondern zurück nach Shanghai.

Im Zuge saß schon ein Missionar, der an den Veranstaltungen teilgenommen hatte, als John Sung – von einer großen Schar Menschen begleitet – auch kam. Er fand einen Platz im selben Abteil. Doch Missionar Reynolds, der wußte, daß John Sung jede Überschwenglichkeit haßte und im allgemeinen Ausländern gegenüber nicht sonderlich entgegenkommend war, schenkte ihm geflissentlich keine weitere Aufmerksamkeit, sondern unterhielt sich mit den übrigen chinesischen Christen. Er lebte schon lange im Lande und liebte China und seine Menschen.

Bald kam er denn auch mit seinen chinesischen Gefährten auf den ‚Team christlicher Laien' zu sprechen. Dies war eine Gruppe einheimischer Christen, die in Shansi unter der Führung des reich begnadeten Pastors David Yang missionarischen Dienst taten. Offenbar hatte Dr. Sung nie davon vernommen. Schweigend saß er lange da, dann plötzlich beugte er sich hinüber zu dem jungen Missionar und bat um weitere Auskunft. Ein langes, fruchtbares Gespräch schloß sich an. Erst als sie merkten, daß sich die Nacht schon lange über die weite Ebene und den rüttelnden, schüttelnden Zug gesenkt hatte, versuchten sie endlich, den Kopf in die Hände gestützt, noch einige Stunden Schlaf zu gewinnen. Am nächsten Tage wurde das unterbrochene Gespräch auf der stundenlangen Fahrt dann weitergeführt.

Nach dem überaus anstrengenden Reisedienst im Norden hätten John Sungs Freunde ihm so gerne die Wohltat eines Schlafwagens erster Klasse erwiesen, doch er zog es vor, in der dritten Klasse zu reisen.

Noch am selben Abend hatte Missionar Reynolds kurz nach seiner Ankunft in der örtlichen Gemeinde zu reden und bat Dr. Sung, ihn zu begleiten. Eine kurze Pause erlaubte ihnen gerade noch, im Restaurant eine Abendmahlzeit einzunehmen. Die kleinen heißen Frottiertücher, die den Eintretenden entsprechend der Sitte vor und nach dem Essen für Gesicht und Hände gereicht werden, waren nach der staubigen Reise eine Wohltat. Dankbar schlürften die beiden den ungesüßten, grünen Tee und knabberten dazwischen Melonenkerne, bis die übrige Mahlzeit aufgetragen wurde. Doch John Sung versank dabei in Schweigen, er hatte nicht eine Minute Zeit zu verlieren. Schon lag sein Tagebuch auf dem schwarz lackierten Tisch, und in seiner exakten, feinen Handschrift begann er zu schreiben.

Die kleine Begebenheit ist charakteristisch. Das ist ja wohl eine der Versuchungen für erfolgreiche und beliebte Menschen, daß sie es sich gefallen lassen, durch ihre Bewunderer über die Maßen gerühmt und verehrt zu werden. War Dr. Sungs Schroffheit und seine Distanzierung heimliche Abwehr, ein Bestreben, Schmeicheleien abzuwehren, wenn Dankbarkeit und Lob reichlich auf ihn zukamen?

Dr. Sung stand im Scheinwerferlicht der Öffentlichkeit. Er suchte dies nicht, aber wo es mit seinem Dienst und Jüngerauftrag zusammenhing, entzog er sich auch nicht. Dem Herrn Christus diente er und tat es auch da, wo nicht nur Liebe und Hochachtung, sondern scharfe Kritik, Verleumdung und Ablehnung ihn umgaben. Ein Mensch, der also zielwärts seinen Weg geht, kann nicht aller Einverständnis besitzen und nimmt doch eben deshalb immer wieder andere mit.

Eine Missionarin, die Sung selbst kannte und um die lobenden und tadelnden Stimmen wußte, schreibt rückblickend: »... Dennoch – dies war für mich neutestamentliches Christsein – glühend, lebendig, überzeugend – die Kraft des heiligen Geistes uns gegeben! Wo immer John Sung sprach, wirkte seine Verkündigung Entscheidungen. Und war er weitergereist, so wanderte das Evangelium gleichsam in Gestalt all der Christen, deren Herz brennend geworden war, zu so viel bisher nicht erreichten Menschen. Ja, über unsere Sian-Ebene wanderte Gottes Wort! Neue leuchtende und wärmende Lichtzentralen entstanden rings umher. Damals war unser Herz voll Dank – doch erst heute wird uns deutlich, daß der Dienst Dr. Sungs und anderer Gottes gnädige Gabe war, um sein Volk in China für die heiße Anfechtung während der japanischen Besetzung und die noch schwerere Erprobung unter kommunistischer Herrschaft auszurüsten.«

Das Land war voll Unruhe; reisen war schwierig. Alles kam bei der elastischen Art der Kriegsführung im Osten darauf an, daß man rasch durch ein Loch zwischen den Fronten schlüpfte, das Reisende durchließ. So wurde im April 1938 unerwartet der Weg nach Thailand (Siam) frei, jenem geheimnisvollen Land der Thai (d. h. der Freien) zwischen Indochina und Burma.

Die Christen hatten Dr. Sung mit Spannung erwartet und waren sehr erstaunt, als der berühmte Mann endlich in

Bangkok eintraf: eine schmale Gestalt mit dunklen, lächelnden Augen und dem noch immer in die Stirn fallenden schwarzen Haar. Er war einer der Ihren! Die Chinesen Siams nahmen ihn mit Wärme auf. Einen vollen Monat hindurch sprach John Sung dann in Bangkok, an den Vormittagen für die Christen und am Abend für die Tausende von Chinesen und Siamesen, die die Straßen bevölkerten. Dreißig Jahre hindurch hatten in dem Lande, das eine der Hochburgen des Buddhismus ist, einige Christen um neues Leben in den schwachen Christengemeinden gebetet. Neues Leben in der Schar der Jünger Jesu bedeutet immer ein Ausstrahlen der Kräfte dieses Herrn in die Welt, die ihn noch nicht kennt. Und das eben hatte Gott nach langem, oft schwerem Warten geschenkt. Und die Erhörung war, wie es so oft seine Art ist, überreich. Niemand hätte es je für möglich gehalten, daß sich in der Stadt, in der die orangefarbenen Gewänder buddhistischer Mönche das bunte Straßenbild beherrschten, unter Christen und Nichtchristen solche Lebensäußerungen zeigen würden! Und doch ist jedes Gebet um einen Durchbruch göttlichen Geschehens schon eine verhüllte Verheißung des Segens.

Auch in Thailand bildeten sich Gruppen freiwilliger Zeugen. Sung hatte erkannt, daß diese kleinen, zusammengeschlossenen Scharen nicht nur eine stärkere Kraft an missionarischem Zeugnis besitzen, sondern daß hier auch einer den andern trägt. So zeigen denn auch Berichte aus dem Jahre 1954, daß diese Gruppen trotz mancher Verfolgung noch heute in fröhlicher Arbeit stehen.

Wer John Sung in Thailand und Indochina begegnete, war von seiner großen Einfachheit überrascht. Seine Wirkung beruhte in keiner Weise darauf, daß er auf dem Podium eine gute Figur abgab. Daran lag ihm nichts. Kleidung und Geste verrieten weder den Gelehrten, noch den Prediger. Bei sich selbst duldete er genau wie bei anderen nichts, was dem Eigenleben entgegenkam.

»Überwinden heißt alles von sich tun, was uns schmeichelt.« Sicher kannte John dieses Wort des Schwaben Ötinger nicht, doch er lebte es. Gespräche, die nur über die konventionelle Oberfläche glitten, verabscheute er.

Doch Radikalität hat ebenso wie die Oberflächenfreundlichkeit ihre Gefahren. Der Jünger, der den Weg des Glaubens geht, merkt immer wieder, daß es eine Wanderung auf schmalem Grat ist. So war bei Dr. Sung der Schritt zu wirklichem Mangel an freundlichem Entgegenkommen nicht groß.

Auffallend war allerdings, daß er dabei sehr oft Menschen, die er zuvor nie gesehen hatte, tatsächlich in ihrem wahren Sein erkannte. Keine bewußte Heuchelei, kein Stolz konnte vor John Sung bestehen. Kompromisse, die eine billige Umkehr oder ein bequemes Christsein ermöglichten, fanden in ihm einen entscheidenden Gegner. Trotzdem wird sein Name in Cholon, der Chinesenvorstadt Saigoons, bis heute dort von vielen mit Dankbarkeit genannt.

Zur Rückreise wählte Dr. Sung den kurvenreichen Weg über das hohe Gebirge, um nach dem Südwesten Chinas zu kommen. Den tosenden, schluchtenreichen Salween entlang kam er durch eine gigantische Bergwelt nach Tali, der Stadt, zu der Tibetaner und chinesische Urstämme im Sommer in ihren malerischen Trachten und im Winter in Schafspelze gehüllt von ihren Bergen herabsteigen, um an den Markttagen mit den Chinesen Waren zu tauschen.

Umkehr, frohe Gewißheit, Taten des Gehorsams gab es auch hier, doch nicht in dem Maße wie im Süden. Noch war Gottes Stunde nicht da. Vielleicht auch wollte Gott erst dem einen Mann dienen, daß er über dem Dienst an anderen nicht sich selbst verliere. Denn es liegt dem Herrn der Ernte und der Dienstleute immer wieder mehr an dem einzelnen Arbeiter als an der ganzen Arbeit.

John Sung lernte auf dieser Reise, daß der Menschen Zeit nicht immer Gottes Stunde ist. Und er erkannte klarer als zuvor, daß es neben ihm auch andere gab, sowohl Chinesen als ausländische Missionare, die mit großer Selbstverleugnung als Säeleute oder Schnitter, je nachdem ihr Herr ihnen den Dienst zugeteilt hatte, in der Arbeit standen. Er wurde stiller, zugänglicher. Als er nach Shanghai zurückkam, bemerkten seine Freunde die Veränderung sofort: »John ist viel demütiger geworden«, flüsterten sie einander hinter ihren Fächern zu. »Er redet sogar davon, ein schlichter Dorfevangelist zu werden!«

Mit großer Hochachtung sprach John Sung von führenden chinesischen Christen wie Wang Ming-tao, dem bedeutenden Pfarrer in Peking, oder von Timothy Chao, der Gott mit seiner Musik verherrlichte, von Watchman Nee, dem Schriftausleger und anderen. Er stellte solche Zeugen, die Gott gerade jener Zeit schenkte mit der ihnen gegebenen Befähigung, gerne über sich. Aber er war ohne Scheu, ihnen, wo es nötig schien, ein mahnendes Wort zu sagen.

John war noch nicht lange wieder zu Hause, da stand auch dieses Mal Newman Shih vor der Türe. Er kannte John aus guten und bösen Tagen; zweimal war es ihm geschehen, daß er als Übersetzer vom Podium geschickt worden war – und das in Shanghai! Er hat es John nie verübelt. Doch nun war er tief bewegt über den demütigen, still gewordenen Mann.

»Mir liegt nichts mehr daran, die Leute von der Kanzel aus zu schelten«, vertraute dieser dem Freunde an. »Meine Aufgabe ist jetzt eine andere, nämlich aufzubauen, zu stärken und zu trösten. Weißt du, die Zeiten haben sich geändert.« – Er war mit seinem Herrn gewandert und verstand nun auch seine Weisung in der anderswerdenden Welt.

Was John Sung redete, meinte er auch. Darum machten solche Aussagen auf Freunde, die ihn schon lange Jahre hindurch gut kannten, einen nachhaltigen Eindruck.

Freilich war es nicht so, daß John Sungs Eigenheiten plötzlich verschwanden. Willig stand er in der Nachfolge.

Doch nie entsprach er dem Bild des ‚idealen Christen‘ oder des Edelmenschen, den Konfuzius lehrte. Beide Bilder, dem menschlichen Verlangen nach Glanz und eigener Vollkommenheit entnommen, liegen letztlich sehr nahe beieinander. Von Generationen her bewegt dieses Sehnen Menschenherzen und trägt nur verschiedene Vorzeichen. Beim Chinesen ist es geprägt durch das hohe Ideal, das der große Weise aufstellte; deshalb schätzt er den verhaltenen, harmonischen und kühl beherrschten Charakter. Gott aber hat sich wohl in John Sung einen solchen Zeugen erwählt, an dem all die menschlichen Bilder zerbrechen mußten. Denn Gott will nicht christliche Modelle schaffen, sondern er ruft Menschen, daß sie in ganzer Nachfolge den Weg gehen, den ihr Herr sie führt, Menschen, die nichts wollen, als ihm Raum geben, und die eben damit Jünger und Zeugen sind.

Dies ist »die Gnade des, der einst in einem Dornbusch Wohnung nahm« (5. Mose 33, 16). Ein Dornbusch nur war es damals, aber Gott bediente sich seiner und damit wurde er ein Zeichen der Gegenwart Gottes. Und das dornige Gestrüpp? Jener einsame Mann am Berge Horeb sah es nicht ob der Glut des göttlichen Feuers. Er erkannte die Herrlichkeit Gottes, vernahm seinen Ruf. Daß Gott uns zu solch flammenden Wegzeichen machen könnte, wie immer unsere Art sein mag!

Die Chinesen mit ihrem untrüglich feinenEmpfinden für das Sein eines Menschen müssen bei John etwas von dieser durchbrechenden Kraft des Gottesgeistes gespürt haben. Deshalb vermochten weder Eigenheiten noch Reizbarkeit, ja nicht einmal der im Osten so anstößige Mangel an Höflichkeit und die kompromißlose Entlarvung der Sünder der dankbaren Liebe und Verehrung Eintrag zu tun.

Dazu muß man bedenken, daß John Sung während seiner Reisen ein ungewöhnliches Maß körperlicher Behinderung und Schmerzen zu tragen hatte. Auf seiner Seele lagen die Lasten anderer, die ihm kaum eine ausruhsame Entspannung gönnten. So war seine Liebe von jener herben, starken Art, die sich tief hinabbeugt und mit kräftigem, oft schmerzhaftem Griff den Fallenden vom gähnenden Abgrund hinwegreißt, um seine Füße auf festen Grund zu stellen. Und – chinesische Christen und Nichtchristen erkannten etwas von der göttlichen Art der Liebe und lernten ‚umdenken'.

John Sung aber war und blieb ihnen eine rufende Stimme in der Wirrnis ihrer Zeit, ein Bote des lebendigen Gottes. So weit die chinesische Sprache erklang, war sein Name bekannt und geliebt. Wenn man ihn nennt, wird Tausenden das Herz warm wie jener Chinesin, die heute auf den Philippinen arbeitet. Bei einer von Sungs Evangelisationen wurde sie Christin. Als sie fünfzehn Jahre später einmal gebeten wurde, von John Sung zu erzählen, wurde ihre Stimme weich, die dunklen Augen strahlten auf und im warmen Ton dankbarer Verehrung begann sie: »Ai-ya, Sung boh-sze! (Ach ja, Dr. Sung!)« Tief in den Herzen chinesischer Christen lebt das dankbare Gedenken an diesen chinesischen Johannes, den Gott erweckt hatte, daß er die Kirche Chinas zur Buße rufe.

ALS STERBENDER ZU STERBENDEN

Ende des Jahres gönnte sich John endlich eine Ruhepause und weilte länger als gewöhnlich bei seiner Familie. Als jedoch im Januar 1939 eine dringende Bitte um einen weiteren Dienst Dr. Sungs aus Thailand kam, machte er sich sofort auf den Weg. Die Reise führte ihn bis nach Chiengmai, Siams zweitgrößter Stadt und Endpunkt der von Bangkok kommenden Bahn. Wieder war es die Einfachheit in Kleidung und Lebensweise, die chinesische und siamesische Christen anzog. Seine ausländischen Gastgeber, Glieder der presbyterianischen Kirche, bewegte es dagegen am stärksten, daß John Sung »wenig sprach, viel predigte und am meisten betete«. Die Botschaft war bis zuletzt das schlichte Evangelium von Sünde und Vergebung, in Vollmacht verkündet. Gott scheint auf dieser letzten Reise durch den Dienst des kranken Mannes in Thailand eine große Zahl Heilungswunder gewirkt zu haben. Sie sind als echt und bleibend bezeugt.

Es war Not in den Kirchen Thailands: Gleichgültigkeit und Festgefahrensein machten sich breit. John Sungs Stimme weckte die Schlafenden. Man trifft bis heute dort immer wieder Christen, die bekennen, daß sie zuvor nur Namenchristen waren. Nun aber waren sie wach geworden. Ein stetiges Wachstum begann. »Das Gedächtnis John Sungs«, schreibt einer, der die Tage miterlebte, etwa zwölf Jahre danach, »ist jetzt noch in vielen Herzen lebendig. Gott sei Dank für Dr. Sung!«

Auch das kleine, zufriedene Land wurde Kriegsgebiet und von japanischen Soldaten überflutet. Viele der kirchlich führenden Männer wanderten in die Gefängnisse. Johns frühere Gastgeberin befand sich zu jener Zeit in Amerika. Sie traf dort einen aus Thailand gebürtigen Arzt. Da sie wußte, was es für die Christen bedeutete, daß die Japaner, die voll Argwohn waren, nun das Land beherrschten, fragte sie ihn sorgenvoll: »Glauben Sie, daß die Kirche Jesu in Thailand den Krieg überleben wird?« – »Ja«, sagt er, »aber nur, weil Gott sie durch Dr. Sung zuvor stärkte.«

Dieser aber trug den kostbaren Schatz des Evangeliums wahrlich in mehr als einer Beziehung in einem irdenen Gefäß. Brennenden Herzens hatte er Sorge getragen, daß dem Schatz kein Abbruch geschah. Doch das Gefäß zeigte nun Risse, die erkennen ließen, daß Dr. Sungs Dienst zu Ende ging. Seine Gesundheit gab Anlaß zu wachsender Sorge. Schon jahrelang hätte er, gemäß dem ärztlichen Befund, das Leben eines Invaliden führen müssen. Die frühere Hüfttuberkulose bereitete Beschwerden; das Herz war nicht mehr sehr leistungsfähig; und seit einiger Zeit zeigten sich noch ernstere Krankheitserscheinungen. Doch John hatte nie sein eigenes Leben festgehalten. Auch starke Schmerzen hinderten ihn nicht, eine zugesagte Veranstaltung zu übernehmen. Schon in Penang mußte er während seiner letzten Reise aufs Podium getragen werden. Er schien zu wissen, daß er ein langsam sterbender Mann war. Dennoch hatte dies wahrhaft gelebte Leben bis zuletzt einen vollen Klang.

Manchmal dachte er an die Stimme des Vaters, die er bei dessen Heimgang vernommen hatte. Wenn er sie recht gedeutet hatte, so blieben ihm nur noch zwei Jahre des aktiven Dienstes.

Er hatte keine Furcht, der Jünger lebt ja schon in der Zeit in der Gegenwart seines Herrn. Ein anderes hielt ihn noch in dieser Welt fest: Seine Aufgabe schien ihm noch nicht ganz beendet. Ein Gebiet hatte er noch nicht besucht, obwohl dort zahlreiche Chinesen lebten. Es war ein großer Teil von Niederländisch-Indien (heute Indonesien zugehörig), nämlich Java, Celebes, Bali und die kleinen Sunda-Inseln. Auch Sumatra und West-Borneo hatte er nur gestreift. Ein Teil der dortigen Auslandschinesen waren ‚peranakans' (Kinder des Landes) geworden. Sie hatten zum Teil in malaiische Familien eingeheiratet und Sprache und Sitte der neuen Heimat übernommen. Andere dagegen wurden als ‚hsinkehs' (neue Gäste) bezeichnet, denn sie waren noch nicht lange von China ausgewandert und unterschieden sich bis in die Kleidung hinein von den Einwohnern der Inseln.

Fünftausend Christen befanden sich unter diesen Eingewanderten. Soweit sie sich als chinesisch sprechende Gemeinden zusammengeschlossen hatten, holten sie ihre Pastoren am liebsten aus China. Diese wieder hielten die Verbindung mit der Heimatkirche fest. Wahrscheinlich wurde Dr. Sung durch sie zum Besuch in Niederländisch-Indien eingeladen. Für diesen Dienst sammelte er seine letzten Kräfte.

Gar oft war John Sung, als er vor etwas mehr als zwölf Jahren seine Arbeit begonnen hatte, weite Strecken zu Fuß gewandert. Nun flog er im Januar 1939 in wenig Stunden mit dem Flugzeug von Singapur nach Surabaya, dem großen Flugplatz auf Java. Eine holländische Missionarin, Cornelie Barbée, läßt uns etwas von dieser Reise miterleben. Sie gehörte zu denjenigen, die der Ankunft Dr. Sungs skeptisch entgegensahen. Man erwartete nicht viel von sensationellen Evangelisten. Die Berichte aus China schienen ihr überschwenglich zu sein. Doch sie ließ sich überreden, die erste Veranstaltung John Sungs zu besuchen und stellte sich fortan mit ganzem Herzen hinter seinen Dienst.

Eine volle Kirche empfing den Fremdling aus China, einen mageren, unbedeutend erscheinenden Mann im chinesischen Gewand aus billigem Material. Rechts und links gingen die beiden Übersetzer; der eine übertrug in die Sprache des Landes, der andere in den meistgebrauchten chinesischen Dialekt.

In malaiischer Sprache erklang einer von Dr. Sungs Versen, sie lernten ihn rasch auswendig; auch zwischen den Ansprachen wurde er gesungen. Ein gemeinsames Beten, wie es zu Anfang von Johns vertiefenden Veranstaltungen von den Christen Chinas geübt wurde, war den Presbyterianern Javas fremd. So betete John Sung Satz um Satz vor, während die Hörer ihm nachsprachen. Diejenigen, die keine Bibel bei sich hatten, wurden ermahnt, sie am nächsten Tag mitzubringen und, falls sie wirklich noch kein solches Buch besäßen, es baldigst zu kaufen.

Dann lenkte Dr. Sung die Gedanken der vielen Menschen auf den Eingangssatz von Lukas 15: »Es nahten aber zu ihm allerlei Zöllner und Sünder, daß sie ihn hörten.« Vor den Augen der Hörer erstand die Geschichte des in die Ferne wandernden Sohnes und des wartenden Vaters. John ahmte sie alle nach: den in Vergnügen oder Geschäfte Verstrickten ebenso wie den ehrbaren Kirchgänger, den christlichen

Schwätzer und den religiösen Heiden – alle fern vom Vater. Jeder in seiner Art war so deutlich zu erkennen, daß immer wieder Gelächter aufkam. Aber sofort breitete sich ein großer Ernst über die Versammlung, als John von Not und Angst der Ferne, vom Entschluß der Umkehr und dem in der Tür des Hauses Ausschau haltenden Vater sprach. Beim Vater zu sein, schloß endlich alle Seligkeit in sich.

Und auch im Lande der Sonne, dem reichen Java, wanderten verlorene Kinder zurück zum Vaterhaus.

John wußte um die Fallsucht und das Angefochtensein des Menschen. Eine einzige solche Stunde war noch kein tragender Grund für die oft folgenschweren Entscheidungen, die sich ja erst in einem versuchlichen Alltag bewähren mußten, in dem sehr andere Maßstäbe galten als die der Bibel. Darum lud John Sung die Hörer dringend ein, jede der einundzwanzig folgenden Versammlungen zu besuchen. Er wollte da die grundlegenden Wahrheiten des Evangeliums nacheinander entfalten.

Die örtlichen Veranstalter erschraken, als sie diese kühne Einladung vernahmen. Sie bedeutete, daß Dr. Sung von den Leuten erwartete, täglich drei Veranstaltungen zu besuchen, denn er konnte nur eine Woche in Surabaya bleiben.

Sobald sie John erreichen konnten, legten sie ihr Veto ein. Alle Kunst östlicher Beredsamkeit wurde angewandt, um ihn zu überzeugen, welch eine Unmöglichkeit es sei, an den Vormittagen Zuhörer zu erwarten! Ganz ausgeschlossen! John Sung blieb unerschüttert. Seine Ansprachen waren nicht erdacht, sondern erbetet. Nun war ihm ein Wort anvertraut, das er ganz ausrichten wollte. John Sung rechnete mit der Realität seiner Gebete und deshalb auch seiner Verkündigung; denn er rechnete mit der Realität des in ihm wirkenden heiligen Geistes.

Man gab Dr. Sung nach. Und zu jedermanns Überraschung schlossen die großen und kleinen Ladeninhaber Morgen für Morgen ihre Geschäfte und kamen zur Kirche. Hier war einer, der Gottes Wort so brachte, daß es zu ihnen sprach! Niemand vermochte das Kreuz Jesu so wirklich zu machen wie Dr. Sung; er selbst lebte ganz und gar von dem Geschehen auf Golgatha.

Vielleicht wußte auch deshalb keiner das große Kapitel der Liebe (1. Kor. 13) so eindringlich auszulegen. Da stand auf der einen Seite alle Herrlichkeit der Erde, all das, dessen Menschen sich rühmen. John Sung wußte aus der Geschichte seines Lebens, wie viel das war. Und auf der anderen Seite stand der Mann am Kreuz – *die* Liebe: geduldig, voll Barmherzigkeit und ohne Ende. Welch ein Abgrund zwischen unserem prahlerischen Geltenwollen und seiner starken Stille, unserem Stolz und seiner Demut, unserer Eitelkeit und seiner Schlichtheit – wie tief klafft der Riß zwischen unserer Selbstsucht und seiner Enteignung, unserem Mißtrauen anderen gegenüber und seinem Geöffnetsein für den Menschen, unserer selbstgerechten Überlegenheit über die Irrenden, Fallenden und seinem Leid um die Sünder.

Ja, jeder unter uns verdiente den Tod am Kreuz! Aber Christus, der Sündlose, starb an unserer Statt, damit wir leben aus seiner Kraft!

So zeigte John einige der großen Heilstatsachen, von denen der Jünger lebt: Buße, neue Geburt, Fülle des heiligen Geistes, lebendiges Wasser, den wiederkommenden Herrn und den Zeugendienst des Christen. Für persönliche Gespräche hatte Dr. Sung weder Zeit noch Kraft. Er bat statt dessen alle, die ein direktes Anliegen an ihn hätten, sich schriftlich zu äußern. Und diese Briefe beantwortete er alle selbst. Oft brannte das Licht bis spät in die Nacht, dann saß John Sung noch über seiner seelsorgerlichen Korrespondenz. Aber wie spät es auch werden mochte, früh morgens um vier Uhr, spätestens um fünf stand er auf und verbrachte betend und hörend Stunden über seiner Bibel. Ob nicht auch deshalb in seinen Auslegungen bis hin zu den treffenden Illustrationen solche überzeugende Kraft lag? Sie waren erschaut, erlauscht, empfangen. Er tat dann nichts anderes mehr, als daß er die ihm zuströmende Fülle weiterreichte.

Viele der Christen und Nichtchristen hatten unter John Sungs Verkündigung die Sünde im eigenen Leben erkannt und bekannt. Aber die Versuchungen inmitten einer nichtchristlichen Welt waren schwer, der Kampf war hart. War es möglich, darin nun als Christ zu leben? Wo war die Kraft der Überwindung? »In der Gegenwart Jesu durch den heiligen Geist«, anwortet das Evangelium. Für Sung war dies Realität. Deshalb legte er gerne denen, die ihre Sünde bekannt hatten, die Hände auf und erbat ihnen die Kraft des heiligen Geistes.

Dr. Sung gab eine weitere seelsorgerliche Hilfe: er leitete die freigewordenen Kräfte und die oft überströmenden Wogen der Freude in nutzbringende Kanäle. Nicht jeder Baum trägt die gleiche Frucht, nicht jeder Jünger ist dazu berufen, andern die Hände aufzulegen. Doch jeder Jünger Jesu hat auch eine Jüngeraufgabe; Gott will durch sie in vielen variierenden Formen seine Lebenskräfte anderen mitteilen. Nicht der Weinstock selbst, sondern seine Reben bringen dessen Kraft zum Ausdruck. Durch die Jünger also möchte Jesus Christus der Welt von seinen Kräften mitteilen (Johannes 7, 38 und 15, 8). Ihre Fruchtbarkeit beruht allerdings allein auf der Verbindung mit ihm und der steten Reinigung. In diesem gemeinsamen Leben wissen sich die Jünger eines mit ihrem Herrn in dem Ziel der Rettung der Welt.

Dies Ziel rückte immer praktisch und konkret nahe, wo John Sung an der Arbeit war. Wenn der Jünger nicht konkret wird, ist er ungehorsam. Tausende von Chinesen lebten ganz in der Nähe gleich im Nachbarhause und überall auf den Inseln ohne Christus. Wer also war bereit, Zeuge Jesu unter ihnen zu sein? Nicht irgendwann, sondern heute! Freiwillige meldeten sich, Wimpel mit dem roten

Kreuz sowie Namen und Nummer der Gruppe wurden auf der Stelle genäht und schon sah man junge und alte Christen am nächsten Tage an der Arbeit auf den Straßen, in Schulen und Krankenhäusern, unter Freunden und Bekannten. Dr. Sung vergaß auch hier nicht die Wichtigkeit einer weiteren Unterweisung, sollte das Zeugnis nicht verflachen oder versanden. Deshalb versprach er wiederzukommen, um einen Kursus für diese Dienstleute Gottes abzuhalten.

John Sung gab sich selbst. Nie hatten diejenigen, die diese Woche in Surabaya miterlebten, ähnliches an Liebe für verlorene Menschen gesehen: tief, opferbereit und ohne Ermüden. Dr. Sung war in einem Leben der Hingabe gereift. Hier war – das spürten die vielen Menschen – ein wahrhaft geistlicher Vater. Durch seine Stimme hatte Gott sie gerufen; dieser Mann war bereit, auch weiterhin priesterlich für sie einzustehen. Das Versprechen seiner Rückkehr war ihnen kostbar, und Christen und Missionare in Surabaya waren neu entschlossen, so zu leben, wie es Christen gebührt: »voll Freude und heiligen Geistes«. Sie hatten bisher so wenig davon verwirklicht.

Im August desselben Jahres machte John Sung die versprochene zweite Reise nach Java. Dieses Mal begann sein Dienst in Batavia, der ‚Königin des Ostens'. Viel Geld rollte in den Geschäftshäusern dieser Stadt. Mancher erlag seiner Macht, und auch an John Sung trat die Versuchung heran.

In der eleganten Vorstadt Bogor wohnte ein wohlhabender Kaufmann. Christ war er nicht, doch ging er zu dem großen Redner, mit dem sich selbst die Presse eingehend befaßte. Was für ein Mann! Den mußte er näher kennenlernen! Es gelang auch, ein Bekannter führte ihn ein. Als der Geschäftsmann mit John Sung allein war, enthüllte er sorgsam ein kleines Paket mit einer beachtlichen Summe Geldes, das er dem verehrten Doktor schenken wollte.

Mit der ihm eigenen Fähigkeit, durch die Vordergründe durchzustoßen zum Wesen dessen, der vor ihm stand, erkannte John, daß der Mann nicht bekehrt war. Statt die Gabe dankend in Empfang zu nehmen, warf er sie ohne jede Rücksicht auf irgendeine Höflichkeitsform auf den Tisch. »Was Geld! Ihre Seele ist kostbar! Sie ist verloren ohne Jesus.« Und dann zeigte John Sung dem Mann den Weg der rettenden Umkehr.

Dieser Vorfall kennzeichnet John Sungs große Freiheit von irdischem Besitz. Einmal fragte sein Gastgeber ihn, was das Geheimnis seines Erfolgs als Evangelist sei. Seine Antwort war kurz, eindeutig, aufschlußreich. Sie weist zugleich hin auf die Gründe für das Versagen solcher, die einst viel versprachen. Dies also war sein Geheimnis: »Trage Sorge, daß das Geld dir nicht zum Fallstrick wird. Trage Sorge, daß Frauen deine Sinne nicht gefangen nehmen. Und trage Sorge, dahin zu gehen, wohin Gott dich führt: wenn er ruft, wird er auch die Tür auftun.«

Ihn selbst hatte Gott zu dieser Stunde nach Java geführt, noch hielt er deshalb die Tür geöffnet. In Solo, der alten Fürstenstadt, damals ein Zentrum holländischer Missionsarbeit, und in Semarang hatten sich zahlreiche Chinesen zu den Veranstaltungen eingefunden. Durch die Hochburg javanischen Adels im Gebiet hinter Semarang sauste das Auto. Glühendrote Blüten leuchteten in Hecken von sattem Grün. Stolze, im Winde rauschende Palmen flogen vorüber. Durch die herrliche Landschaft ging Dr. Sungs Reise.

Ihn aber zog es in die lauten, lärmenden Städte. Vielerlei Stimmen und Gerüche durchdringen dort die Gassen. Und Menschen, immer neue Menschen treiben Handel, leben und bewegen sich auf den Straßen in dem ungezwungenen Durcheinander des Ostens, das irgendwie doch ineinanderfließt zu lebensvoller Harmonie. Diese Menschen suchte John Sung, ihnen diente er.

So war denn auch ein Höhepunkt der Reise der versprochene zehntägige Ausbildungskursus in Surabaya. Er galt besonders den Mitgliedern der Evangelisationsgruppen.

Als Dr. Sung ankam, fand er nicht weit von der überragenden Moschee ein Zelt aus Bambusmatten, das man errichtet hatte. Viertausend Menschen fanden darin Platz. Lautsprecher waren angebracht und Mitarbeiter aus allen Gemeinden waren aufgeboten worden. Das verantwortliche Komitee stand unter dem Vorsitz eines christlichen Fabrikbesitzers. Zweitausend freiwillige Dienstleute Gottes aus verschiedenen Städten Javas waren anwesend. Das Thema des Kursus war das Markusevangelium, das Ziel die Unterweisung derer, die sich verpflichtet hatten, in ihrer Umgebung Zeugen Jesu zu sein.

John Sung sprach nicht einfach über die Bibel zu ihnen, sondern er legte sie so aus, daß das Wort selbst redete. Selbstverständlich schloß jeder Fortbildungskursus die tägliche evangelistische Abendveranstaltung in sich. Jeden Abend drängten sich mehr als fünftausend Menschen verschiedener Rassen und Sprachen herzu, um die schlichte Botschaft von Jesus, dem Gekreuzigten und Auferstandenen, zu hören. Viele blieben zu den Nachversammlungen. Da konnte es geschehen, daß Dr. Sung einfach alle, die gestohlen hatten, aufforderte, sich zu melden. Dann kamen solche an die Reihe, deren Ehen in Unordnung waren, oder alle, die betrogen hatten. Tatsächlich erhoben sich die Hände!

Und nun kam die Frage: »Seid Ihr willig, Eure Sünde dem zu bekennen, an dem Ihr Euch versündigt habt und um seine Verzeihung zu bitten? Wollt Ihr das versprechen?« Das Schlußgebet folgte, die Versammlung wurde entlassen, damit jeder heimgehe und sein Versprechen einlöse. Bis zuletzt ging es Dr. Sung um das biblische Anliegen, daß Sünde nicht vertuscht und verdrängt, sondern bekannt und vergeben werde.

Am letzten Abend des Kurses lenkte John Sung den Blick der Hörer auf den wiederkommenden Herrn. »Ehe er aber kommt, müssen die Christen durch viel Trübsal gehen.« Eindringlich bat und mahnte John, festzustehen in der

Stunde der Versuchung, denn »auch diese friedlichen Inseln werden nicht verschont bleiben«.

Wie wahr wurde dies Wort! Nüchtern und doch voll Erwartung sah Dr. Sung der Begegnung mit seinem Herrn entgegen, während er alle warnte, deren Namen noch nicht im Buch des Lebens standen.

Was war das Ergebnis dieser Veranstaltungen im Blick auf die Kirche? Zunächst entstand hier Bewegung, die weite Kreise aufrüttelte. Die Bibelgesellschaften spürten den ersten Stoß. Die Nachfrage nach Bibeln und Testamenten war außergewöhnlich groß. Gott selbst sorgte dafür, daß sein Wort in jenen Jahren in viele Hände kam in China und auf den Inseln.

Der Hunger nach tieferer Erkenntnis, der durch John Sungs Dienst geweckt war, zeigte sich weiter in der wachsenden Zahl der Gottesdienstbesucher; Kirchen mußten vergrößert oder neu gebaut werden. Die Bitten um mehr Pastoren wurden dringend. Es war ein Tag der göttlichen Gelegenheit auch für die Chinesen der ‚Nanyang'.

Zehn Jahre später, im Jahre 1949, schreibt Cornelie Barbée nach Jahren der Besetzung durch feindliche Truppen: »Wir wagen zu behaupten, daß die Tatsache, daß die chinesischen Gemeinden nach zum Teil grausamer Verfolgung während des Kriegs noch heute lebendig sind, allein dem Segen der Erweckung zu verdanken ist, die Gott durch Dr. Sungs Dienst schenkte. Dr. Sung hatte allerdings nicht beabsichtigt, nur der chinesischen Kirche auf Java zu dienen, doch war dies tatsächlich der Fall. Er war offensichtlich für sein eigenes Volk gerufen. Wohl kamen auch malaiische Christen zu den Veranstaltungen, doch war der Einfluß auf die indonesische Kirche als Ganzes wenig spürbar.«

Macassar auf Celebes, die große Hafenstadt, beherbergt zahlreiche Chinesen. Zwei große chinesische Gemeinden hatten sich dort gebildet; auch die erste Zentrale ‚der chinesischen Mission in Übersee' war dort entstanden. Sie wußte sich für all die Chinesen der Inseln verantwortlich und nahm John Sung mit großer Wärme auf.

Die äußerste Grenze der von Auslandschinesen geschätzten Inseln erreichte John in der Stadt Ambon auf der Insel gleichen Namens. Die kleine Insel gehört zu den Molukken, die als ‚Gewürzinseln' schon frühzeitig im Westen berühmt wurden; noch heute führen sie Muskat und Nelken aus. Die Mehrzahl der Einwohner sind dem Namen nach Christen. Nach Dr. Sungs Besuch schrieb eine dort stationierte chinesische Lehrerin einem ihr bekannten Missionar:

»Sehr geehrter Herr Pastor! Ich schreibe Ihnen nicht, um eine andere Anstellung zu bekommen, sondern ich möchte die große Liebe Jesu bezeugen, die in meinem Herzen lebendig wurde. Dr. Sung gab mir die kostbare Perle, und nicht allein mir, sondern Hunderten unter uns. Das war ja nicht er, sondern der heilige Geist ergriff unsere Herzen und verwandelte sie. Und nun richten wir unsern Blick auf das Kreuz. Wir rechnen mit der Kraft der Vergebung. Aus Dr. Sungs Leben und Verkündigung strahlt die große Liebe Jesu wider. Voll Verlangen trank ich Tag für Tag das Wasser des Lebens, das er uns bot. Zwölf Tage dauerten die Versammlungen auf Ambon. Sobald mein Dienst in der Schule beendet war, nahm ich daran teil. Wie groß ist Jesus! Ihm danke ich aus tiefstem Herzen, daß er uns seinen Knecht sandte. Nun ist es mir nicht mehr möglich, von dem, was Jesus tat, zu schweigen. Während ich vorher träge und undiszipliniert war, stehe ich jetzt gerne um fünf Uhr auf, um meine Morgenwache zu halten. Der Herr verwandelte mich. Die gelernten Verse ... klingen in meinem Herzen weiter. Auf den Straßen grüßen uns plötzlich Menschen, die wir bis dahin nicht kannten, und sprechen zu uns von ihrer Freude über den kostbaren Schatz, den sie fanden. Dr. Sung öffnete uns das Auge dafür. Der heilige Geist wirkt in unseren Herzen, wir machen keine Unterschiede mehr zwischen Rassen und verschiedenen Kirchengemeinden. Wir sind eines in Christus. Dr. Sung kam, damit wir uns zubereiten lassen für den großen Tag des Kommens Jesu.

Ich wurde anders. Die Welt verlor ihren lockenden Reiz; denn meine Augen ruhen auf Jesu Kreuz. Ich folge meinem Herrn nach, für ihn will ich zeugen und für ihn sterben.«

Bald folgten Jahre des Blutvergießens und der Besetzung für all diese Inseln. Manche Missionare starben in Internierungslagern, einige wurden ermordet. Die chinesischen Kirchen litten schwer. Doch die Erweckung war eine Stärkung, die auch während des Krieges still weiter wirkte. Das große Maß der Leiden führte Menschen dahin, ihr Vertrauen auf Christus zu setzen, und die Gemeinden wuchsen an Kraft und Zahl.

Der Weltkrieg ging zu Ende, doch größere Gefahren bedrohten nun in den Wirren des Befreiungskriegs die Kirchen. Im Kampf um das freie Indonesien wurde die Einwohnerschaft ganzer chinesischer Gemeinwesen niedergemacht oder schwer drangsaliert. Das führte zu einer wachsenden Unabhängigkeit chinesischer Gemeinden von der indonesischen Kirche. Die inneren Grundlagen waren mit durch Dr. Sungs Dienst so fest gelegt, daß die chinesischen Gemeinden in den aufeinanderfolgenden Erschütterungen durch Krieg, Bürgerkrieg und Verfolgung zu stehen vermochten.

Im November war John Sung noch einmal in Singapur und einigen Städten der malaiischen Staaten. Sein Dienst war beinahe getan. Gott schloß langsam die Tür des aktiven Dienstes und wies John Sung die letzte Wegstrecke. Als ihn die Christen diesmal an der Werft in Singapur verabschiedeten und zu dem einsamen Mann, der an die Reeling gelehnt stand, hinüberwinkten, sahen sie ihn zum letztenmal.

Oft muß John Sung mit der tiefen Freude der aus unversiegbaren Quellen Schöpfenden das Pauluswort gesprochen haben: »Ich halte mein Leben selbst nicht teuer, damit ich mit Freuden vollende meinen Lauf.«

Er sah das Ziel, dem er ein Leben lang zugestrebt, nun in großer Nähe. Die fünfzehn Jahre, die Gott ihm zugemessen hatte, waren beinahe vollendet.

Schon während der letzten Ansprache im Surabaya vermochte John wegen starker Schmerzen nicht mehr zu stehen. Als er zu seiner Familie zurückgekehrt war, vermehrten sich die Schmerzen.

Er litt sehr. Doch an den Sonntagen pflegten sich nahestehende Freunde um sein Lager zu versammeln; er predigte etwa eine Stunde lang und betete anschließend mit ihnen. Dann schwiegen die Schmerzen für kurze Zeit, aber auch wenn sie wiederkehrten, behielten sie nicht das letzte Wort.

Dr. Sung wurde in den besten Jahren seines Manneslebens stillgelegt. Und der Jünger folgte nun schlicht seinem Herrn und nahm seine Führung mit einem bewußten, willentlichen Ja an. Annehmen heißt im Jüngerdasein Hemmung und Leiden Gott darbringen, damit er sie Frucht bringen lasse. So, und nur so, wird Leiden Reifezeit und höchste Fruchtbarkeit, mag sie auch oft verhüllt sein.

In der Tat war es auffallend, wie Johns Veranlagung sich in jener Zeit wandelte. Statt sich brütend und wortkarg zu verschließen, unterhielt er sich viel und gern. Er lernte sogar, chinesische Höflichkeiten stärker zu beachten. Seine Gäste empfing und geleitete er mit dem üblichen Zeremoniell. Solche Zuvorkommenheit machte einen nachhaltigen Eindruck auf seine Freunde. Sie waren nicht daran gewöhnt, von Dr. Sung Aufmerksamkeiten zu erwarten.

Einmal noch verließ er das Haus und hielt in Shanghai seine letzte Predigt über den Text: »Der Herr kommt wie ein Dieb in der Nacht«.

Bald jedoch vermochte er nicht mehr aufzustehen. Sein Arzt riet ihm, sich unverzüglich nach Peking in das Union Medical Hospital, Chinas berühmteste ärztliche Institution, zu begeben. Rasch war es deutlich geworden, daß eine Operation überfällig war.

Dasselbe Peking, dessen Universität ihn einst gerufen und gelockt, die Stadt, in der sein Zeugnis machtvoll erklungen war, wurde nun des Wanderers letzte irdische Heimstätte. Der ärztliche Befund bestätigte nur, was Dr. Sung schon wußte: er war an Krebs erkrankt, und auch die Tuberkulose war wieder aufgebrochen.

Geschickte Ärzte taten alles, was möglich war, die Schmerzen zu erleichtern. Zwei Operationen folgten kurz nacheinander, sechs Monate lag er danach im Hospital. Er kannte keine Zeit in seinem Leben, da er so lange stillgehalten! Pastor Wang Ming-tao war sein geistlicher Helfer. Er besuchte ihn oft. Von John Sungs Krankenlager ging er dann häufig weiter zu dem eines operierten englischen Jungen; dessen Eltern, Missionare in Südchina, kannten John Sung natürlich durch mündliche Berichte, ihm selbst waren sie nie begegnet, sind doch die Entfernungen in China riesengroß. Nun verbrachten sie ihren Urlaub in Peking, um in der Nähe des kleinen Patienten zu sein, und ihre Freude war groß, als Wang Ming-tao sie mit John Sung bekannt machte. Während der langen Genesungszeit Dr. Sungs trafen sie sich gerne im sonnendurchfluteten Wohnraum des Hospitals.

Worüber sie sprachen? Über die Gemeinden, an deren Ergehen beide Männer betend teilnahmen, über die wilden Wetter des Kriegs, die China und die Welt erzittern ließen. Sie lauschten im Gericht, das über die Erde und über ihr eigenes Leben ging, auf die Stimme ihres Herrn. Was wollte er? Rief er nicht zu tieferer Reinigung? Und sollte nicht

Johns Krankenlager auch diesem Zwecke dienen? Offen sprach er über seine Fehler, von welchen Gott ihn lösen wollte. Welch eine Befreiung ist es, daß Christen wahr sein dürfen und nichts beschönigen müssen, weil die Vergebung das Leben des Jüngers deckt!

»Gott muß die Schmerzen brauchen, um mich von meinem Eigenwillen und unguten Temperament zu lösen«, sagte John Sung zu dem Ausländer, der neben ihm saß. Dieser war erschüttert, überrascht. Er hatte nach all den zum Teil merkwürdigen Geschichten über ihn einiges erwartet, auch von dem schwerkranken Sung. Aber einen solch bußfertigen, demütigen Mann zu finden, das – er mußte es zugeben – hatte er nicht gedacht. Es war auch hier der Prozeß der Reinigung, Gottes geheimnisvoller Weg zu vermehrter Fruchtbarkeit des Jüngers.

»Ein halbes Jahr zu spät«, hatte der Arzt, der John Sung operierte, bekümmert geseufzt. John Sung hatte unter der Begründung, seine Arbeit nicht verlassen zu können, den Termin hinausgezögert. Die Behandlung war dennoch von zeitweisem Erfolg. John wurde entlassen und suchte an dem in Stadtnähe gelegenen Rande der Westberge oder ‚den Bergen des Wohlgeruchs' weitere Kräftigung.

Dort in der Stille und Schönheit der Natur, die ihn beglückte, traf ihn die Nachricht vom Tode seines letzten Sohnes. Das schien eine harte Führung; doch John, der so lange in enger Gemeinschaft mit seinem Herrn gewandert war, kannte ihn nun zu gut, um Anstoß zu nehmen. Der eigenwillige Mann hatte gelernt, seinem Herrn in williger Geduld Schritt für Schritt nachzufolgen. Nichts mehr in seiner Seele, die so oft dem aufgewühlten Meere geglichen hatte, stritt gegen Gott.

Frau Sung kam mit ihren drei Töchtern im August nach Peking. Am Rande der Westberge richtete sich die Familie eine neue Heimat ein. John Sung fühlte sich wohl. Er wanderte gerne über die Hügel der Umgebung. Herbst war es, die Zeit der ‚roten Blätter', und die knorrigen Bäume im Jagdpark der einstigen Kaiser, der nun jedermann zugänglich war, erglühten unter dem tiefblauen Himmel in flammender Pracht.

John Sung war zwar vom Tode gezeichnet. Aber er lebte mitten in der Krankheit von den Gotteskräften, die jedem Jünger zugesagt sind. So hatte das Leben das letzte Wort. Auch in den Tagen großer Schmerzen verbrachte er Stunden über seiner Bibel und im Gespräch mit Gott. Nie ermüdete seine starke und glaubende Fürbitte. Allmählich nahm er auch seine Arbeit wieder auf. In seinem Heim fanden im kleinen Kreise tägliche Bibelklassen statt. Fünfzehn neue Lieder schrieb er noch nieder und neunzehn offene Briefe gingen in die durch die vorrückenden Japaner schwer erschütterten Provinzen Chinas und nach den Inseln des Pazifik. In erster Linie wandte er sich darin an die Leiter der Evangelisationsgruppen. Sie wollte er stärken und unterweisen.

Er war ein Mann der ganzen Bibel. Seine Liebe für *das* Buch war ansteckend. Immer betonte er – und mit ihm alle wahrhaft begnadeten chinesischen Evangelisten und Pastoren jener Jahre – daß man die Bibel ganz kennen müsse, um die großen Zusammenhänge der Gedanken Gottes zu durchschauen. Wie anders konnte der Jünger ohne das Wissen um göttliche Linien, Maße und Ziele in seinem Alltag den Willen seines Herrn erkennen?

»Leer sind wir und ausgebrannt, das Wort redet nicht mehr«, so klagten eifrige und ernste Christen.

»Nun«, lautete sein seelsorgerlicher Rat, »so lesen Sie weniger Kommentare über die Bibel und mehr die Bibel selbst. Lassen Sie die Bibel *das* Buch Ihres Alltags werden und ebenso das Buch Ihrer Ferien.« Keiner, der solchem Rat folgte, blieb leer.

Er selbst lebte mit seiner Frau und seinen drei Töchtern bis zum letzten Tag seines Erdenlebens von der Kraft dieses

Buches. Wer ihn in jenen Leidenstagen besuchte, kann die stillen Abende in seinem Hause nicht vergessen. War die Sonne hinter den blauen Hügeln verschwunden, sammelten sich Familie und Freunde, die gerade anwesend waren, um John. Er saß unter ihnen und hielt die Abendandachten. Sein eigenes Leben ließ etwas davon offenbar werden, daß diejenigen der Welt am besten dienen, die vertraut sind mit Gottes Wort und die persönlich etwas erfuhren vom Geheimnis des Sterbens und von den wirksamen Kräften göttlichen Lebens. Sie allein können mit den gottgeschenkten Gaben den Bedürfnissen des Augenblicks begegnen und so als Gottes Mitarbeiter seinen ewigen Plan mitvollenden.

Das Heim John Sungs verwandelte sich 1942, man möchte sagen naturgemäß, in eine zwanglose Bibelschule. ‚Halle der Gnade' nannte er sie. Das ganze Jahr hindurch kamen chinesische Christen. Sie waren keine eingetragenen, festen Teilnehmer, sondern kamen, so wie es Zeit und Mittel ermöglichten, um sich für kurze oder längere Zeit von einem Schriftgelehrten, der allezeit in Gottes Schule stand, unterweisen zu lassen.

Ständige Gemeinschaft bestand zwischen John Sung und Pastor Wang Ming-tao, der sein furchtloses Zeugnis auch in dem von Japan besetzten Peking ablegte.

Der Winter zog darüber ins Land. Kalte Stürme wirbelten den Staub der weiten Gobi-Wüste von jenseits der großen Mauer durch die Luft. John sah hinaus und fragte sich, was wohl sein werde, wenn die Regengüsse des Sommers diesen Staub in Pekings Straßen in klebrigen Lehm verwandeln würden.

Die Welt stand in Flammen und vieles zerbrach. Deutsche Truppen waren in Rußland einmarschiert, japanische Bomben auf Pearl Harbour gefallen und die USA und Großbritannien in den Pazifik-Konflikt verwickelt, seit Dr. Sung nach Peking gekommen war. Nacheinander wurden die Gebiete, die er besucht hatte, vom Kriegsgeschehen überzogen:

die Kronkolonie Hongkong, Singapur, Indochina, Siam, Malaya, die Philippinen und Niederländisch-Indien.

Wie immer, wenn das Weltgeschehen ihn bedrängte, faltete John Sung fürbittende Hände. Priesterlich hielt der todkranke Seelsorger Wache für die notleidenden Gemeinden. Er wußte ja, daß das Vordringen der Japaner im Pazifik für viele der Auslandschinesen Verfolgung bedeutete, und er erbat ihnen ein Gehaltenwerden durch Gottes Hände. Als die Zeiten des Sturms vorüber waren, wurde offenbar, daß unter viel Asche die Glut weitergebrannt hatte. Gott hatte darüber gewacht, und als sein Wind darüberging, entbrannten die Feuer aufs neue.

Unaufhaltsam tat die Krankheit ihr zerstörendes Werk an John Sung. Im Frühjahr 1943 war eine dritte Operation nötig, diesmal in Tientsin. Nach drei Monaten brachte man John wieder zurück zu seinen geliebten Westhügeln. Die fünfzehn Jahre seit der großen Wende in Amerika waren abgelaufen, die sieben Jahre, die er beim Heimgang des Vaters vor sich gesehen, vollendet. Der Sohn hatte keinen Anlaß, zu bereuen, daß er das Evangelium nicht in Treue verkündigt hätte. Jetzt leitete er keine Versammlungen mehr. Doch ein stiller, steter Strom von Besuchern kam von nah und fern. Mit jedem betete er. Sie wurden gestärkt und trugen den Segen weiter.

Noch einer vierten Operation mußte sich John Sung im Juni unterziehen. Er lag im Deutschen Hospital in Peking. Geschick und Hingabe der Ärzte und Stuttgarter Diakonissen taten alles, was möglich war, seine Leiden zu lindern.

Besucher kamen auch hier; unter ihnen ein tiefbetrübter Mann, der als Filmschauspieler ein buntes und ehrgeiziges Leben gelebt hatte. Mitten in seinem Planen rief ihn Gott. Da kehrte er um, wurde Pfarrer und hielt, während John Sung krank lag, gerade eine Evangelisation in Peking.

Einsam war John Ku. Er sehnte sich nach seiner Familie. Der Krieg hatte sie schon so lange getrennt. Nun endlich schien eine Möglichkeit der Vereinigung gekommen zu sein! Voll Freude traf John Ku Vorbereitungen zum Empfang der Seinen. Da kam eine grausame Nachricht: Der Dampfer, mit dem sie reisten, war auf eine Mine gelaufen und gesunken. Nicht ein einziges Leben war gerettet worden.

In John Ku brach alles zusammen. Er saß im dunklen Schacht der Verzweiflung, ohne Ausweg, ohne Licht. Nie würde er wieder predigen können! Und plötzlich kam ihm der Gedanke an Dr. Sung, dessen Leben zur gleichen Zeit, zerstört durch schwere Krankheit, im Hospital zur Neige ging. John Sung – er würde eine Antwort haben! Und John Ku entschloß sich, Dr. Sung zu besuchen.

Nachdem dieser schweigend die traurige Geschichte angehört hatte, sagte er weich zu seinem Namensbruder: »Wir könnten ein Duett miteinander singen, nicht wahr?«

John Ku war entsetzt. Singen! Ein Duett! Wie konnte er je wieder singen? Und was konnte wohl John Sung singen?

»Wir könnten das Lied Hiobs singen«, war die ruhige Antwort. »Du singst das erste Kapitel und ich das zweite.«

Im Juli kehrte Dr. Sung nach den Westhügeln zurück, um seine letzten Tage gemeinsam mit seiner Familie zu verbringen. Trotz zunehmender Schwachheit und starker Schmerzen verbrachte er die meiste Zeit betend und meditierend über seiner Bibel. Was Gott ihm an neuer Erkenntnis gab, diktierte er zwei chinesischen Mitarbeiterinnen. Ihnen waren diese Stunden und die gemeinsame Fürbitte eine unvergeßliche Zurüstung zu einem reich gesegneten Dienst an Chinas Jugend.

Die letzte Botschaft Dr. Sungs an die Kirche hat prophetischen Klang: »Die Arbeit der Zukunft wird der Dienst des Gebets sein.«

Dieses Wort wurde das Motto der christlichen Studenten Pekings, als sie in den Nachkriegsjahren einer sich wandelnden politischen Lage und größeren Leiden gegenüberstanden. Es rief manche, deren äußere Wirksamkeit für China jetzt beschnitten ist, zum Dienst des Gebets. Im Jahre 1954 wird dies Wort in einem Brief aus Peking angeführt. Und der Schreiber fügt hinzu, daß noch immer Wunder geschehen als Antwort auf glaubendes Gebet.

Am Morgen des 16. August trat eine sichtliche Verschlimmerung ein. John Sung sagte seiner Frau, Gott habe ihm gezeigt, daß das Ende nahe sei. Bewußtlos lag er die folgende Nacht; am nächsten Morgen hörte man, wie er leise einige Verse sang. Das Lied war darunter, das so viele durch ihn gelernt hatten: »In Jesu Kreuz mein einzger Ruhm.« Als der Tag verstrich, schien der sterbende Mann aus dem Raum intensiver Schmerzen in den einer großen Freude und eines tiefen Friedens einzutreten. Wang-Mingtao sowie ein Arzt und eine Schwester waren außer den Seinen zugegen. Frau Sung hatte, vielleicht aus einer alten, abergläubischen Furcht heraus, gebetet, daß ihr Mann nicht während der Nacht sterben möchte. Doch um Mitternacht sagte John zu ihr: »Sei ohne Angst. Der Herr Jesus steht an der Tür. Was ist da noch zu fürchten?«

Als am 18. August ein heißer Sommertag anbrach, schlief John Sung ein. Und während seine Angehörigen und Freunde still betend um sein Lager saßen, ging er in die Gegenwart seines Herrn, der ihm unendlich mehr gewesen war als alles, was die Welt zu bieten vermochte, mehr auch als das eigene Leben.

Vertreter vieler Gemeinden standen am 22. August an Dr. Sungs Grab. Wang Ming-tao hatte als Text Jeremia 1, 4–19 gewählt und führte aus, wie John Sung gleich Jeremia zum eisernen Pfeiler gemacht war, von Gott beauftragt, die Sünde der Kirche und der menschlichen Gesellschaftsordnungen aufzudecken. Er hatte es getan, ohne Menschenfurcht und ohne sich zu schonen, treu bis zum Tode. Ein Großer war aus ihrer Mitte in die unsichtbare Gemeinde um Gottes Thron versetzt worden.

Leiter der Evangelisationsgruppen trugen den Sarg. Auferstehungslieder erklangen auf dem Weg zu John Sungs letzter Ruhestätte. Sie war ihm in der stillen Wiese bereitet, unter deren Bäumen er so gerne die Einsamkeit aufgesucht hatte zum Gebet.

Und wenn man die Menschen sah, die um das Grab standen, Männer und Frauen jeden Alters, wenn man die Wimpel der Evangelisationsgruppen leise im Winde flattern sah, wurde deutlich, daß es im Reiche Gottes kein Ende gibt, sondern daß einer dem andern die anvertraute Botschaft weiterreicht, damit sie bezeugt werde bis zu dem Tage, da unser Herr kommt.